KB018980

퇴사준비생의 교토

[일러두기]

· 지명, 인명, 상호 등의 표기는 외래어 표기법을 따랐으나
  몇몇 예외를 두었습니다.
· 국내에 소개되지 않은 책, 제품, 브랜드 등 일부는 의미를 살리기 위해
  번역하지 않고 원어로 표기했습니다.
· 100엔은 1,000원, 1달러는 1,300원으로 환산했습니다.

퇴사준비생의 교토

시티호퍼스 지음

누구나, 언젠가, 한번쯤
퇴사준비생이 됩니다

당신의 오늘은 안녕한가요

힘들게 들어간 회사에 힘겹게 출근하는 자신을 발견할 때가 있습니다. 직장인들이 겪는 사춘기입니다. 설렘의 시작이 월요일이 아닌 금요일로 옮겨진 지도, 입사할 때의 꿈과 비전이 사라진 지도 오래입니다. 회사 사람들과의 관계에서 어지럼증을 느끼기도 하고, 사회생활에 대한 기대와 현실 사이에서 혼란을 겪기도 합니다. 스스로가 성장하고 있는지도 모르겠고, 비전 없이 쳇바퀴처럼 반복되는 일상이 지루하게만 느껴집니다.

사춘기 때 가출에 대한 개념이 생기듯, 직업적 사춘기에도 퇴사에 대한 갈증이 생깁니다. 하지만 막상 회사를 나오려고 하면 갑갑합니다. 심리적으로는 그만둬야 할 이유가 수십 가지지만, 경제적으로는 회사를 그만두고 연봉만큼의 수입을 올릴 수 있을지 의문이 듭니다. 회사를 다니는 것이 막

막하게 느껴져도, 회사를 관두는 것을 만만하게 볼 수 없습니다. 직장인들의 오늘이 안녕하지 않은 이유입니다.

당신의 내일은 안녕할까요

경제적 수입을 포기한다고 해도 문제가 또 있습니다. 불안정한 미래가 펼쳐진다는 것입니다. 퇴사를 머뭇거리게 하는 대목입니다. 하지만 그렇다고 해서 회사에 남는다면 문제가 해결될까요? 일상화된 구조조정과 비정상적 경쟁구도에서 안정을 찾긴 어렵습니다. 임원의 자리까지 오른다 해도 언젠가는 회사를 나와야 할 상황이 옵니다. 공무원이 아닌 이상 정년을 보장받기는 현실적으로 어렵습니다. 퇴사는 시기의 문제이지 피할 순 없습니다. 능동적이냐, 수동적이냐의 차이가 있을 뿐입니다.

직장이 안정적이라고 가정해도, 주변의 상사들을 보면 앞이 깜깜해집니다. 일 떠넘기기, 공 가로채기, 사내 정치하기 등 보고 싶지 않은 일투성입니다. 선배들의 현재가 자신의 5년, 10년 후 모습일 텐데 본받고 싶은 상사를 찾는 것이 퇴사 후 할 일을 찾는 것만큼이나 쉽지 않습니다. 회사에 다닐수록 성장하는 자신을 발견하는 것이 아니라, 사라지는 미래를 마주합니다. 직장인들의 내일에서 안녕을 기대하기 어려운 이유입니다.

당신의 어제와 안녕하세요

시간이 흐른다고 미래가 되는 것은 아닙니다. 어제와 같은 생각, 어제와 같은 일을 하면서 내일이 바뀌기를 바라는 건 욕심입니다. 어제가 안녕하지 않았다면, 오늘부터라도 준비해야 합니다. 퇴사는 기분으로 하는 것이 아니라 기본을 다진 후 실행하는 것입니다. 무엇을 하고 싶은지, 무엇을 할 수 있을지에 대한 고민을 해야 합니다. 아이디어가 없다고, 할 수 있는 일이 없다고 하기엔 세상은 넓고 할 일은 많습니다.

내일을 준비하기 위해서는 책상 앞에 앉아 검색과 사색을 하는 것만큼이나, 책상 너머의 세상에 대한 관심을 갖고 관찰을 하는 것이 필요합니다. 해외에 있는 주요 도시들을 '퇴사'라는 렌즈를 끼고 바라보면 회사를 그만두고 무엇을, 어떻게, 그리고 왜 해야 하는지에 대한 단서를 찾을 수 있습니다. 이렇게 얻은 영감과 아이디어로 열정을 채우고 꿈을 찾을 수 있다면, 어제와 달리 오늘 그리고 내일이 안녕해질지도 모릅니다. 직장인들이 의미 없이 흘려보낸 어제와 작별해야 하는 이유입니다.

담력보다는 실력이 필요합니다

회사를 그만두고 싶은 이유는 수십 가지지만, 막상 퇴사하기가 어려운 건 경제적 이유 때문입니다. 좋아하는 일을 하기 위해서 현재의 연봉 수준을 내려놓을 수는 있어도, 생계를 위한 최소한의 수입마저 포기할 수는 없습니다. 돈을 벌 수 있는 실력이 없는 상황에서, 회사를 나올 담력을 갖는 건 위험한 일입니다. 그래서 퇴사는 장려할 수 있는 일이 아닙니다. 취업과 마찬가지로 퇴사에도 준비가 필요합니다. 다만 준비의 방식과 내용이 다를 뿐입니다.

취업할 때는 면접관을 통과할 수만 있다면 '자소설'을 써도 괜찮았습니다. 그러나 퇴사할 때는 자소설이 아닌 '자소서'를 쓸 수 있어야 합니다. 스스로가 무엇을 좋아하는지, 무엇을 하고 싶은지 충분한 시간과 고민을 들여 파악해야 합니다. 퇴사는 남을 위해 하는 것이 아니라 자기 자신을 위해 하는 것이기 때문에 인사 담당자의 입맛에 맞출 필요도 없습니다. 또한 퇴사에는 정해진 일정이 없기에 취업할 때처럼 시간에 쫓겨 고민하지 않아도 됩니다.

스스로에 대한 고민과 함께 '퇴사준비생'도 실력을 키워야 합니다. 하지만 취업준비생이 갖춰야 할 실력과는 다릅니다. 스펙으로 증명하며 보여주기 위한 실력이 아니라, 독자적인 경제생활을 하기 위한 진짜 실력이 필요합니다. 회사라는 껍데기에 기대어 있다면 실력이 없어도 월급을 받는 데 지장이 없지만, 회사를 나와 생계를 꾸리려면 실력이 필수입니다. 회사의 브랜드, 시스템, 노하우 등으로 가능했던 경험과 과업을 스스로의 실력이라고 착각하고 있는 건 아닌지 자문해 봐야 합니다.

실력의 다양한 요소 중에서도 비즈니스 아이디어와 인사이트를 갖추는 것이 출발점입니다. 이는 회사로부터 독립하여 스스로가 만들어가는 일로 경제 활동을 하기 위한 필요 조건입니다. 사업 기회 발굴, 경영 전략 수립, 비즈니스 모델 구축, 마케팅 기획 등 모든 영역과 과정에서 기초가 되는 핵심 역량이기 때문입니다. 비즈니스 아이디어와 인사이트를 얻는 여러 방법이 있지만, 해외의 다른 도시를 들여다보는 것도 효과적인 방법이 될 수 있습니다.

도시마다 소득 수준, 소비문화, 생활 방식 등이 다릅니다. 그래서 다른 도시를 여행해 보면 뻔하다고 생각했던 것들이 뻔하지 않게 펼쳐져 있습니다. 차별적인 컨셉, 틀을 깨는 비즈니스 모델, 흥미로운 아이템, 번뜩이는 운영방식, 정성 어린 디테일, 감각적인 디자인 등 평소와의 다름을 보고, 듣고, 느끼고, 경험할 수 있기에 여행에서 비즈니스 아이디어와 인사이트를 얻을 가능성이 높아집니다.

'무엇을 보는지'보다 '어떻게 보는지'가 중요합니다

도쿄, 런던, 뉴욕 등 그 도시에 살아봤다고 해서 지역 전문가가 되는 건 아닙니다. 보내는 시간만큼이나 중요한 것이 시점視點입니다. 거주자에게는 무감각한 일상일 수 있지만, 관찰자의 눈에는 보이는 것들이 있습니다. 또한 관찰자로서의 관심만큼이나 중요한 것이 관점입니다. 똑같은 목적지를 관광이 아니라, 비즈니스 아이디어와 인사이트를 찾겠다는 목적으로 여행하면 보이는 것이 달라집니다. 이처럼 무엇을 보는지보다 어떻게 보는지가 여행의 가치를 결정합니다.

경영 철학	컨셉 기획	사업 전략	수익 모델	브랜딩 마케팅	고객 경험	디자인

퇴사준비생의 관점으로 여행을 할 때 들고 다니는 7가지 렌즈입니다. 이 렌즈들을 번갈아 끼면서 여행의 목적지를 들여다봅니다. 그렇게 고민의 결과가 아니라 '고민의 과정'을 벤치마킹합니다. 핵심은 본질과 원리를 이해하는 것입니다. 어떤 배경에서 도달한 결론인지, 어떤 이유에서 접근한 시도인

지, 어떤 문제에서 출발한 해답인지를 분석하고 상상하며 디코딩^{Decoding} 할 필요가 있습니다. 그러고는 머릿속에만 넣어둘 게 아니라 자기 자신의 성장에, 그리고 미래에 응용할 수 있도록 행동으로 옮겨야 합니다.

결국 '퇴사준비생의 여행' 시리즈는 퇴사를 장려하는 책이 아니라 '퇴사 준비'를 권장하는 콘텐츠입니다. 바라는 미래와 멈춰진 현재 사이의 차이를 인지하고 책상 너머의 세상을 경험하면서 회사 생활을 하는 동안 자립할 수 있을 만큼의 실력을 키울 수 있도록 돕는 것이 목적입니다. 그럼에도 불구하고 '퇴사'라는 단어를 전면에 내세운 것은, 주체적이고 주도적인 삶을 살기 위해서는 마지막이 있다는 사실을 깨달아야 하기 때문입니다.

지금의 기회가 시간이 지나면 누릴 수 없음을 자각할 때 회사의 소중함이 커집니다. 끝을 알아야 회사 생활에서 배우고, 경험하며, 이루고 싶은 것이 무엇인지를 파악해 자기 실력으로 만들 수 있습니다. 이렇게 하루를 쌓아가는 과정에서 쳇바퀴를 돌리는 소모적 기분이 아니라 나선형 계단을 오르는 성장의 기쁨이 생깁니다. 그래서 퇴사를 준비하는 건 더 나은 내일을 위한 일이기도 하지만 더 나은 오늘을 위한 일이기도 합니다. 누구나, 언젠가, 한번쯤 퇴사준비생이 되어야 하는 이유입니다.

《퇴사준비생의 도쿄》, 《퇴사준비생의 런던》, 《퇴사준비생의 도쿄 2》에 이어 이번에 퇴사준비생이 여행할 도시는 교토입니다. 교토로 떠나는 이유는 에필로그에서 설명할게요. 그렇다면 성장의 모티브를 찾으러 교토 여행을 시작해 볼까요?

《퇴사준비생의 교토》를 이렇게 읽어보세요

☐

1. 7가지 렌즈 – 관점을 유연하게 더해 보세요

콘텐츠를 읽기 전에
색으로 표시한 렌즈에
초점을 맞춰보세요.

스터디할 포인트가
더 선명하게 보일 거예요.

• • •

2. 이미지 각주 – 현장감을 생생하게 느껴 보세요

콘텐츠에 점으로 표시한 부분과
이미지의 점을 매칭해 보세요.

현장의 풍경을 보고 나면
설명이 더 와닿을 거예요.

는 레스토랑이 있어요. 바로 교토에 있는 '류노히게 바이 미
타테Ryu no hige by MITATE, 이하 류노히게'예요. 이곳에서는 줄이나, 생

3. 플러스 콘텐츠 - 호기심을 깊이 있게 채워 보세요

죠. 그렇다면 리슨은 어떻게 이처럼 다양한 방식으로 맥락을 제안하며 판매자에서 연출가의 영역으로 넘어갈 수 있었을 까요?

사실 리슨은 인센스 전문샵 '쇼에이도'®의 서브 브랜드예 요. 1705년에 시작한 쇼에이도는 300년이 넘는 시간 동안 문화적 자산과 전문성 그리고 사업적 감각을 차곡차곡 축적했어요. 그러고는 젊은 층에게 더 다가가기 위해 1989년에 리슨을 론칭해서 한층 세련된 모습으로 고객을 만난 거예요.

그 사이 세상은 '제품 판매의 시대'에서 '컨텍스트 판매 의 시대'로 넘어갔어요. 사람들은 제품 하나만 보고 물건을

● 콘텐츠에서 소개하는
다른 매장이 궁금하면
QR코드를 스캔해 보세요.

〈시티호퍼스〉에서
더 자세히 볼 수 있어요.

KYOTO
인센스 매장에 매달려 있는 희한한 박스의 정체
쇼에이도

4. 카카오톡 채널 - 콘텐츠를 편리하게 받아보세요

● 카카오톡 채널에서
'시티호퍼스'를 검색한 후
팔로우해 보세요.

매일(영업일 기준) 업데이트되는
콘텐츠를 놓치지 않고
읽어볼 수 있어요.

차례

01

리슨

향에도 소리가 있다,
향에 귀 기울이는 공감각적인 방법

| 경영 철학 | 컨셉 기획 | 사업 전략 | 수익 모델 | 브랜딩 마케팅 | 고객 경험 | 디자인 |

©리슨

'도'를 아시나요? 일본에는 예로부터 내려온, 3대 예절로 불리는 도가 있는데요. 바로 다도茶道, 화도花道, 이케바나, 향도香道예요. 하나씩 살펴볼게요.

우선 다도. 다도는 차를 마시는 예절이에요. 우리가 일상에서 그냥 차를 내려 마시는 것과는 달라요. 차의 맛과 향을 순하게 하기 위해 찻잎을 씻어내고, 신경 써서 물의 온도와 양 그리고 우리는 시간을 조정하며, 찻잔을 예열해 거기에다가 차를 내어주는 것까지. 차 마시는 과정을 하나의 예절이자 예술로 바라보는 거예요.

다음은 화도. 화도는 꽃을 다루는 예절이에요. 일반적인 꽃꽂이와는 차이가 있죠. 단순히 꽃을 아름답게 꽂는 것을 넘어 이를 통해 심신을 수련하고 도를 익히는 과정까지를 포함하거든요. 여기에는 자연을 소중히 여기는 마음과 꽃을 꽂는 사람의 정신도 담겨 있어요. 이 또한 예술의 경지라고 볼 수 있죠.

마지막으로 향도. 향도는 다도나 화도에 비해 상대적으

로 덜 알려져 있는데요. 향에 관한 예절이에요. 예법에 따라
향을 피워 몸과 마음을 감상하는 법을 다루는 거죠. 그런데
향도에는 우리가 평소에 들어보지 못한 표현이 나와요. 바로
'향을 듣다'예요. 보통은 향을 '맡는다'고 하는데, 왜 일본의
향도에서는 향을 '듣는다'라고 할까요? 향에서는 소리가 나
지 않는데 말이에요.

　향을 듣는다는 건 향을 맡는 것에서 그치는 게 아니에
요. 마음속으로 귀 기울여 향이 전하는 이야기를 천천히, 깊
이 있게 음미한다는 뜻이에요. 하나의 행위이자 태도인 거
죠. 그래서 일본에는 향을 피우는 그릇인 향로를 손에 쥐고

직접 향기를 들어보는 문향^{聞香} 체험 프로그램을 운영하는 향전문점이 많아요. '향을 듣는다'는 표현에서 시작된 경험 비즈니스인 셈이에요.

그런데 교토에는 향을 듣는다는 개념을 또 다른 방식으로 사업화한 브랜드가 있어요. 이름부터 듣는다는 의미를 가진 '리슨^{Lisn}'이에요. 이 브랜드는 향으로 음계를 만들어서 인센스로 하모니를 만들 뿐만 아니라 촉감과 상황, 기분까지 모두 향기로 구현해요. 세상의 모든 향을 들려줄 것만 같은 리슨의 이야기를 들어볼까요?

인센스로 악기를 만들다

향수에 관심이 많은 분들이라면 '노트^{Note}'라는 용어에 익숙하실 거예요. 향의 기본 단위를 노트라고 표현하는데요. 향수를 뿌렸을 때 휘발성에 따라 탑 노트, 미들 노트, 베이스 노트로 구분하죠. 그리고 서로 다른 향의 조화는 '어코드^{Accord}'라고 부르고요. 그런데 이 용어들, 어딘가 익숙하지 않나요? 음악에도 똑같은 용어가 있거든요.

19세기 영국의 화학자이자 조향사였던 조지 윌리엄 셉티머스 피에세는 향을 음악에 비유해 '오도폰^{Odophone}'이라는 개념을 제안했어요. 피아노 건반에 맞춰 향수 원자의 냄새를

정리한 거죠. 무거운 향은 악기의 저음에, 가볍거나 날카로운 향은 고음에 비유했어요. 기본적으로 향과 소리는 같다고 바라봤던 셉티머스 피에세 덕분에 훗날 음악과 향수에서 같은 용어를 공유하게 되었어요.

리슨은 셉티머스 피에세가 고안한 '향의 층$^{Gamut of Odours}$'을 토대로 '도레미파솔라시도' 8개의 향을 가진 인센스를 만들었어요. 각각의 음계에 맞는 인센스를 만드는 일도 창의적인 접근인데, 리슨은 여기서 한 발 더 깊이 향의 세계로 들어가요. 인센스로 화음을 연주하는 악기를 만들었거든요.

예를 들면 '도미솔'로 'C메이저^{Major}'를, '파라도'로 'F메이

©리슨

저^{Major}'를, '레솔시'로 'G메이저^{Major}'를 구성하는 식이에요. 그러고는 '향의 화음$^{The\ Chord\ of\ Scents}$'이라고 이름을 붙여 판매하기 시작했죠. 사람들은 각 음계에 해당하는 인센스를 하나씩 사서 즐길 수도, 향의 화음 시리즈를 구매해서 향의 하모니를 경험할 수도 있어요. 소리를 향으로 전환했을 뿐만 아니라 인센스로 향의 화음을 만들어 즐기는 새로운 방법까지 제안한 거예요.

'듣기'라는 공통분모를 가진 음악과 향을 섞는 리슨의 기획은 제품 개발에서 그치지 않아요. 아예 매장을 연주와 향이 공동 연출되는 무대로 만들어버리죠. 향의 화음 시리즈를 발표한 후 리슨은 반도네온 연주자 오쿠보 카오리와 함께 매장에서 라이브 공연을 진행했어요. 또한 매장에서 일본 전통 목관악기 연주회를 열어 무대 장치로 향을 깔아주기도 했고요. 이처럼 서로에게 배경 음악과 배경 향기가 되어줌으로써 인센스를 경험하는 맥락을 만들었죠.

그뿐 아니에요. 리슨은 웹 칼럼 '리슨 투 뮤직Lisn to Music'을 통해 연주회 후기 혹은 여러 아티스트들의 음악 이야기를 소개하고 관련된 인센스 제품 정보를 알려줘요. 인센스를 피울 때 머릿속에서 연주회나 아티스트의 음악이 재생될 수 있도록요. 향을 맡는 순간, 멀리 떨어진 곳이나 과거의 시간으로 갈 수 있는 것이 향이 가진 신비로운 힘이니까요.

제품 기획의 기준은 '올해의 테마'

브랜드 이름인 리슨도 듣는다는 뜻을 가지고 있고 대표적인 제품 라인 중 하나도 음악을 모티브로 했으니, 리슨의 인센스는 모두 소리를 기반으로 만들어질까요? 그렇지는 않아요. 150여 가지의 인센스 제품을 판매하고 있는 리슨은 매년 새로운 인센스 제품을 출시하는데요. 신제품을 론칭하는 방식이 향기로워요.

리슨에서는 매년 '올해의 테마'를 발표해요. 그러고는 테

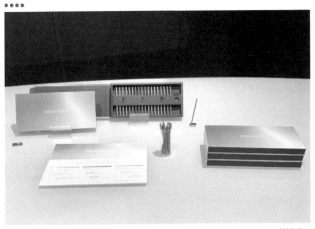

마에 맞는 향을 개발해서 연중에 순차적으로 선보이죠. 예를 들어 볼게요. 2015년에는 우주를 무대로 하는 '유니버스UNIVERSE' 시리즈가 테마였어요. 태양, 달, 별, 암흑 물질, 안드로메다 은하 등을 모티브로 향을 제작했죠. 2018년에는 앞서 설명한 '향의 화음'이 테마였고요. 2023년에는 '그라데이션GRADATION'이라는 주제에 맞춰 봄에서 여름으로 넘어가는 계절, 아이에서 어른으로 성장하는 과정, 다양한 자연 풍경의 경계를 향으로 표현했죠. 이처럼 매년 달라지는 테마와 제품 라인업을 보면 향기의 트렌드까지 파악할 수 있어요.

2020년과 2021년에는 2년에 걸쳐 '센세이션SENSATION'이라는 주제로 촉감을 향기로 표현하는 12종의 시리즈를 발표했어요. 쫀득쫀득하거나 폭신폭신한 촉감부터 울퉁불퉁하거나 바스락거리는 촉감까지, 향으로 구현하고자 하는 감각의 스펙트럼 또한 넓었죠. 전형적인 향을 파는 것이 아니라 디테일한 장면과 순간, 그리고 느낌을 파는 거예요.

촉감이라는 주제를 제대로 전달하겠다는 리슨의 의지는 패키지 디자인에서도 엿볼 수 있어요. 2년간 발매한 12개의 향이 모두 들어있는 제품의 패키지에는 사람의 지문 이미지가 프린트되어 있는데요. 이 무늬는 바깥쪽으로 볼록하게 돌출되어 있어서 패키지를 구매한 사람은 박스를 여는 순간부터 손으로 제품을 경험하게 돼요. 촉감에 대한 향을 만든 다음, 이를 다시 고객에게 촉감으로 전달하는 방식이죠.

촉감으로 향을 표현한 또 다른 기획도 있어요. '계절에 다가가는 그릇과 향기'라는 컨셉의 '스모크 톤 SMOKE TONE' 시리즈예요. 여기에서는 새로운 향을 도예가 미토마 오사무의 그릇과 함께 발표했어요. 다섯 개의 향은 도예가가 만든 각기 다른 다섯 개의 그릇과 함께 순차적으로 공개했고요. 사람들은 막 피어난 벚꽃, 깨끗한 바람, 따뜻한 꿀의 향 등을 그에 어울리는 도자기 작품과 함께 즐길 수 있었어요. 그릇은 수제로 만들어져 하나하나 감촉이 달랐고, 매장에서 열린 전시회에서는 제작 과정과 비하인드 스토리도 들어볼 수 있었죠. 인센스를 담는 그릇을 공동 주연으로 섭외해서 더 풍성한 스토리 라인을 만든 거예요.

코끝을 넘어 기분까지 파고드는 향

이쯤 되면 리슨이 자신의 이야기를 잘 들려주는 데 강점이 있는 브랜드라고 생각할 수 있어요. 하지만 리슨은 고객의 이야기를 잘 듣는 것에도 진심인 브랜드죠. 리슨은 인센스를 판매할 때 고객에게 먼저 '지금 어떤 상황인가요?'라고 물어요. 사람마다 처한 상황이나 기분에 따라 맡고 싶은 향이 다르니까요. 그러고는 기분과 시간대를 기준으로 인센스 표를 만들어 고객이 지금 가장 필요로 하는 향을 찾을 수 있도록 도와줘요. 한번 자세히 살펴볼까요?

표의 가로축은 사람의 기분이에요. 프레시^{Fresh}, 에너제틱 ^{Energetic}, 쉬크^{Chic}, 럭셔리^{Luxury}, 내추럴^{Natural} 등 크게 다섯 가지로 나누었어요. 만약 지금 사랑하는 것들에 둘러싸인 충만한 기분을 느끼고 싶다면 럭셔리 카테고리를 선택하면 되고, 자기만의 시간을 갖고 싶다면 쉬크 카테고리에서 향을 찾으면 되며, 리프레시와 릴렉스가 필요하다면 프레시 카테고리에서 고민하면 되는 식이에요.

length for how you're feeling right now

FEELING TIME	F R E S H 日々のリフレッシュしたクールなタウンに for everyday adventures and relaxation	ENERGETIC 天気でも込む日の Exciting times	C H I C 自分に続い込むすぎ For time spent for yourself	L U X U R Y 大切なあの人に褒められる特別な Outstanding for things you love	NATURAL 忘れないつつ。静めて優しい香り with a soothing and gentle scent
NIGHT 夜	188 LITA リタ Black currant 252 COMBING コーミング Citrus and rose	73 PRAISE CHATEAU ストロベリー Strawberry	187 EBONY MOON エボニームーン The image of foliage and the earth 254 SLEEP スリープ Charcoal musk 307 MY DEAR マイ・ディア Oriental violet	273 MIDNIGHT SHOWER ミッドナイトシャワー Hana ylang and amber 289 NOBLE ノーブル Crimson silk	267 SEA FOAM シーフォーム White rose and foam 299 MONSTER TREE モンスターツリー Green woody
EVENING 夕	291 AUSTER オスル Air	83 PIERE NOEL ピエールのイメージ The image of Japanese cypress 154 ALICE アップルティー Apple tea 201 MASALA マサラ Cardamon, ginger and vanilla	143 AQUA DE BEBER 水と緑 Water and foliage	76 LUCY ルーシー Powdery floral 266 TUBAKI ツバキ Mint and fruity flower, Camellia 276 ORANGE IN LOVE オレンジラブ Ginger woody	36 BROKEN BLOSSOM ラヴェンダー Lavender
DAYTIME 昼	207 VEIL マスカット Muscat 308 PACHI ぱちぱちに触れる Fizzy touch	268 SHINE 月桂樹とスターアニス Laurel and star anise 275 DIVE INTO THE BLUE ジンジャーとミント Ginger and mint	131 VERNAL TAPESTRY 和風の花々 Japanese flowers 222 RHYTHM スコールと白い花 Squall with white flowers	37 PRIVATE ROSE ローズ Simple rose 315 ANN ミルクキャラメル Milk caramel	59 NATTY 白檀 Sandalwood 144 BIANCA くちなし Gardenia 232 MIRAGE さくらと潮風と緑の春 Cherry, verdure and briny air
MORNING 朝	119 LARGO 水と蘭 Water and orchid 255 AWAKENING グリーンと甘い花 Green and sweet flower 257 MEETING オリエンタルグリーン Oriental green	167 PAN PIPE すみれとローズウッド Violet and rosewood 233 BELLS レモン Lemon	118 BACCHUS グリーンラベンダー Violet and rosewood 278 OPAQUE SILVER 白檀と乳香 Sandalwood and rebanum	253 ETERNAL 香木 Aromatic wood	179 BUSINE ベルガモット Bergamot 221 NAUGHTY モダンな桂皮系 Cassia clarry

©리슨

또한 사람의 감정은 섬세해서 같은 기분도 어느 시간대에 느끼느냐에 따라 미묘하게 달라지죠. 이른 아침과 늦은 밤에 사람이 가진 에너지가 각기 다르듯이요. 그래서 표의 세로축을 시간대로 설정한 후 아침, 낮, 저녁, 밤으로 나누어 사람들이 각자의 기분과 시간대에 따라 원하는 향을 고를 수 있도록 했어요. 고객의 입장을 먼저 생각해서 인센스를 큐레이션 하는 거예요.

온라인에서도 리슨의 큐레이션을 활용할 수 있어요. 150여 종의 인센스를 기분과 향의 특성에 따라 즐길 수 있도록 공식 홈페이지에 사분면의 차트를 만들어 두었거든요. 현재

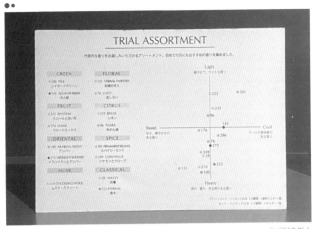

©시티호퍼스

의 기분이나 미래에 느끼고 싶은 감정을 체크하면 필터링된 결괏값이 차트에 표시되는데, 이때 꽃, 클래식, 그린, 과일, 감귤, 머스크, 동양, 향신료 등 향의 8가지 계열 중 하나를 선택하면 끝. 손쉽게 각자의 선호를 파악할 수 있죠. 스스로가 어떤 향을 원하는지 몰라도 기분과 감정만으로 인센스를 고를 수 있도록 돕는 거예요.

이처럼 리슨은 '들려주기'와 '들어주기'를 자유자재로 넘나들어요. 그러면서도 계속해서 다양한 방식으로 고객에게 말을 걸죠. 공식 홈페이지에 '계절, 향기, 일본을 테마로 향기로운 풍경을 여행하는 칼럼'을 연재해서 고객의 추억과 상

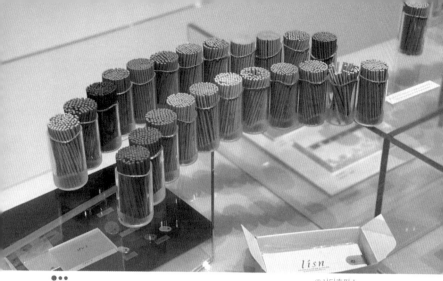

상을 자극한 후 그에 어울리는 향기를 슬며시 알려주는 식
이에요. 예를 들어 볼게요. 한여름에는 풍경風鈴 만드는 장인
을 찾아가 바람이 연주하는 음색에 대해 이야기해요. 칼럼
에 덧붙여 제안한 제품은 '깨끗한 바람'이라는 키워드를 가
진 인센스였고요. 인센스의 향뿐만 아니라 그 향이 피어나는
시공간에 조명을 비춰 세계관을 만드는 셈이에요.

향을 각인시키는 3가지 정보

큐레이션에 재능이 있는 리슨이 인센스를 하나씩 소개할 때
는 어떻게 할까요? 향은 눈에 보이거나 손에 잡히는 게 아니

라서 공통의 언어로 표현하기 쉽지 않아요. 그렇다고 향의 성분에 초점을 맞춰 설명하면 전달력이 떨어지고요. 제품의 가짓수가 많을수록 고유의 특성과 매력을 전달할 수 있는 최적의 방안을 찾아내야 해요. 고객이 제품 간 차이를 인지할 수 있도록요. 그래서 리슨은 자신만의 언어로 표현한 3가지 정보로 하나하나의 인센스를 설명해요. 우선 공식 홈페이지에 있는 상품 페이지를 둘러볼게요.

첫 번째는 인센스의 향을 분석한 그래프예요. 향이 가벼운지 무거운지Light/Heavy, 달콤한지 시원한지Sweet/Cool, 아침과 밤 중 어느 쪽에 가까운지Morning/Night, 사계절 중 언제 어울리는지를Spring/Summer/Autumn/Winter 분석한 후 그래프로 표현했죠.

다음으로 리슨은 인센스에 어울리는 이미지 스토리를 만들어요. 사람들이 스토리를 들었을 때 상상 속에서 향의 성질을 알아차릴 수 있도록요. 동화 《이상한 나라의 앨리스》에 나오는 티 파티를 모티브로 한 인센스 '앨리스' 이미지 스토리를 함께 살펴볼까요?

집에 있는 식탁에서 식사 후 차를 즐기며 소소한 이야기를 나누는 것이 우리들의 가장 행복한 순간.
부부가 되어도 남매로 오해받을 정도로, 학창 시절부터

계속 함께 해왔기 때문일지도 몰라.

오늘은 첫 데이트에서 마셨던 애플티의 향기가 나는
인센스를 발견했어.

그러니까 식후의 티타임은 잠시 멈추기로 하자.

둘은 조심조심 불을 붙인다.

아, 그러고 보니 그때 봤던 영화의 OST가 있었지.

그는 음악을 튼다.

다음에, 그 시절에 갔었던 앤티크한 카페에 가보자.

추억을 공유하는 시간 속에 천천히 애플티의 향기가
배어갔다.

- 리슨 홈페이지 중

어떤가요? 스토리를 듣고 나니까 향에 대한 이미지가 보다 선명해지지 않았나요? 이렇게 향과 어울리는 맥락을 그려볼 수 있게 하면 같은 계열에 속해서 자칫 비슷하게 느껴질수 있는 향도 차이를 부각시킬 수 있어요. 리슨이 만든 향을 공감각적이면서도 효과적으로 고객에게 인지시키는 방법 중하나죠.

마지막으로 리슨은 모든 제품 페이지에 향을 대표하는 비주얼 이미지와 함께 키워드를 적어두었어요. 앞서 나온 이미지 스토리가 사람들의 상상력을 자극하는 소재라면, 비주얼 이미지와 키워드는 향의 핵심을 은유한 결정체인 셈이에요. 이렇게 향에 맥락을 더해 설명해 준 덕분에 고객들은 향의 세계에 더 쉽고 부담 없이 진입할 수 있어요.

시대와 공명하는 향은 멀리 간다

리슨은 향이 아니라 '향이 있는 장면'을 파는 브랜드에 더 가까워요. 말로는 쉬워 보이지만 탄탄한 기술력과 시장에 대한 이해, 제품 기획력 등이 뒷받침되지 않으면 할 수 없는 일이죠. 그렇다면 리슨은 어떻게 이처럼 다양한 방식으로 맥락을 제안하며 판매자에서 연출가의 영역으로 넘어갈 수 있었을까요?

사실 리슨은 인센스 전문점 '쇼에이도'⊕의 서브 브랜드예요. 1705년에 시작한 쇼에이도는 300년이 넘는 시간 동안 문화적 자산과 전문성 그리고 사업적 감각을 차곡차곡 축적했어요. 그러고는 젊은 층에게 더 다가가고자 1989년에 리슨을 론칭해서 한층 세련된 모습으로 고객을 만난 거예요.

세상은 점점 더 '제품 판매의 시대'에서 '컨텍스트 판매

KYOTO
인센스 매장에 매달려 있는 희한한 박스의 정체
쇼에이도

의 시대'로 넘어가고 있어요. 사람들은 제품 하나만 보고 물건을 사는 게 아니라, 설득력 있는 맥락과 세계관에 공감하면서 필요를 재확인하고 구매를 결정하죠. 쇼에이도는 리슨을 통해 인센스라는 제품을 넘어 향의 맥락을 판매하면서 이 시대에 적응해 나가고 있는 거예요. 클래식이 컨템퍼러리로 변하는 과정을 보여주는 것이기도 하고요.

'공명하다Resonate'

리슨의 디자인 컨셉이에요. 여기에서도 동시대와 공명하려는 강한 의지가 엿보이죠. 앞으로 리슨은 또 어떤 방식으로 시대와 공명해 나갈까요? 시대가 흐르는 소리에 귀 기울이고, 그에 맞는 맥락을 소리 내어 말할 수 있다면 리슨이 음이탈을 할 일은 없지 않을까요. 리슨 투 리슨Listen to Lisn을 하면서, 관심 있게 지켜볼 일이에요.

컨비니언스 바

편의점과 위스키 바의
이유 있는 만남

경영 철학	컨셉 기획	사업 전략	수익 모델	브랜딩 마케팅	고객 경험	디자인

리테일이 미디어로 진화하고 있어요. 매장을 찾는 고객들의 발길이 있으니, 그들의 눈길을 수익화하는 거예요. 일본의 편의점 업계에서도 신사업으로 미디어에 주목하고 있어요. 패밀리마트는 '스토어 미디어Store Media'를 목표로 계산대 위에 대형 모니터를 설치했는데요. 이 모니터에서 판매 상품뿐만 아니라 드라마, 영화 등을 광고해요. 약 100개의 점포에서 테스트 베드로 운영해 봤더니, 결과가 긍정적이에요.

패밀리마트가 1만 5천명을 대상으로 설문조사를 하고 대형 모니터에 설치된 인공지능 카메라의 데이터를 분석한 결과를 살펴볼까요? 우선 계산대 위의 모니터를 보는 비율은 50% 정도였어요. 게다가 광고를 본 사람들은 광고를 보지 않은 사람들에 비해 구매 의향이 최대 1.6배나 높아졌어요. 광고 상품의 매출이 광고 사이니지가 없는 매장에 비해 20% 이상 증가하기도 했고요. 광고 효과가 있는 거예요.

또한 패밀리마트와 함께 일본 3대 편의점 중 하나인 로손⊕도 광고 사업을 시작했어요. 포인트 회원의 데이터를 활

TOKYO
가장 많은 편의점보다 가장 혁신적인 편의점을 꿈꾸다
로손

용해 관심이 있을 확률이 높은 광고를 영수증에 출력하는 거예요. 그동안 로손에서 구매한 고객의 구매 데이터, 성별, 연령 등의 특성을 분석해 AI가 여러 유형의 광고 중에 각 회원에 맞는 광고를 노출하는 식이에요.

광고 효과를 보기 위해 2022년 8월에 새로 나온 과자를 대상으로 실험을 해봤는데요. 전체 회원의 평균 구매율과 비교했을 때, AI가 구매 데이터를 바탕으로 이 신상품을 구매할 가능성이 높다고 선정한 회원의 구매율은 평균 구매율 대비 4배였어요. 그리고 이 고객들에게 영수증 광고 발행했을 경우에는 구매율이 평균 구매율 대비 12배로 증가했죠. 영수증도 미디어가 될 수 있다는 걸 증명하는 수치예요.

미디어가 된 리테일은 이미 성숙기에 접어든 일본 편의점 업계에 새로운 가능성으로 떠오르고 있어요. 신규 출점으로는 성장하기 어려운 상황이니, 그동안 구축한 고객 접점을 활용하는 거예요. 그런데 편의점 업계의 이런 고군분투에 보탬이 되는 지원군이 등장했어요. 이름하여 '컨비니언스 바Convenience Bar'. 컨비니언스 스토어인 편의점 매장 바로 옆에 붙어 있는 위스키 바예요. 그렇다면 이 컨비니언스 바는 어떻게 편의점에게 도움이 되는 걸까요?

편의점 안주를 환영하는 위스키 바

컨비니언스 바에서는 위스키를 잔 단위로 팔아요. 가격은 500엔^{약 5천원} 수준. 그렇다고 싼 술을 파는 게 아니라 위스키, 브랜디, 사케 등 400종 이상의 술을 저렴한 가격에 파는 거예요. 그러기 위해 술에 집중하는 것 외에는 다 간소화했어요. 공간도 10평 내외. 좌석도 바 테이블 일부와 나머지는 서서 마시는 테이블로 구성되어 있어요. 공간이 좁은 거야 그럴 수 있는데, 위스키 바에 안주가 없으면 단점이 아닐까요?

컨비니언스 바는 술을 안주와 함께 마실 수 있도록 편의점과 제휴했어요. 편의점에서 안주를 사 와서 먹을 수 있게

했죠. 물론 주류와 음료는 반입이 안되고요. 그냥 커버 차지 없이 외부에서 사 온 음식을 바에서 먹을 수 있게 허용한 정도가 아니에요. 편의점과 컨비니언스 바를 문으로 연결해 놓고, 바 영업시간 동안 문을 열어두어 하나의 매장처럼 운영해요. 이렇게 하니 조리 공간이 없어도, 안주를 만들 요리사를 고용하지 않아도 괜찮아요. 그만큼 비용을 절감해 술 가격을 낮출 수 있는 거예요.

컨비니언스 바뿐만 아니라 편의점도 혜택을 누려요. 안주류 매출이 자연스럽게 올라가니까요. 그래서 컨비니언스 바 옆의 편의점에는 감자칩, 말린 오징어, 육포, 가라아게,

햄, 견과류 등 술과 함께 즐기면 좋은 상품 종류가 다양하게
준비돼 있어요. 가라아게나 소시지 등과 같은 안주를 편의점
에 비치된 전자레인지에서 데운 후 가져갈 수 있는 것은 당
연하고요. 술을 마시다 안주가 더 필요하다면 바와 편의점을
오가며 추가로 구매할 수 있죠.

　그렇다고 물리적으로만 공간을 연결해 둔 건 아니에요.
컨비니언스 바에서는 안주를 판매하지 않는 대신 편의점 안
주를 더 맛있게 즐길 수 있도록 도와줘요. 무료로 베이컨이
나 치즈를 토치로 구워줘 직화 느낌을 내기도 하고, 150엔약
1,500원만 내면 감자칩이나 스낵을 훈연해 주기도 해요. 간단하

©시티호퍼스

고 저렴한 편의점 안주지만, 갓 조리한 안주 못지않은 맛을
내죠. 이런 센스 있는 서비스는 편의점 안주를 추가로 구입
하도록 유도하는 역할도 하고요.

그뿐 아니라 편의점 안주와 찰떡궁합인 술도 마련해 뒀
어요. 컨비니언스 바의 시그니처는 블렌디드 위스키인 '패미
치키 오리지널Famichiki Original'인데요. 이 위스키는 패밀리마트
의 프라이드 치킨인 '패미치키ファミチキ'와 페어링 할 목적으로
개발한 거예요. 뒷맛이 상쾌하면서도 스모키해 패미치키의
풍미와 잘 어울려요. 온더락 또는 하이볼로 즐길 수 있죠. 저
렴한 가격에 좋은 술과 맛있는 안주를 가볍게 즐길 수 있도

록 바의 경쟁력을 강화한 거예요.

그런데 이러한 컨비니언스 바를 찾아가 보면 흥미로운 점을 발견할 수 있어요. 컨비니언스 바라고 적힌 간판을 찾을 수 없거든요. 위스키 바와 편의점이 서로 연결되어 있어 컨비니언스 바가 분명한데, 바에는 '오사케노 비주쓰칸' 간판이 걸려 있죠. 컨비니언스 바는 오사케노 비주쓰칸이 편의점과 손잡고 만든 개념으로, 상표권을 등록해 별칭으로 쓰고 있는 표현인 셈이에요. 그렇다면 오사케노 비주쓰칸은 어쩌다 컨비니언스 바를 론칭하게 된 걸까요?

교집합의 크기만큼 절약하는 비용

오사케노 비주쓰칸은 '술의 박물관'이라는 뜻이에요. 컨비니언스 바로 처음 등장한 게 아니라 이미 일본 전역에서 매장이 있었죠. 매장 크기나 가격대도 컨비니언스 바와 비슷하고요. 그리고 이미 컨비니언스 바를 론칭하기 전부터 외부 음식의 반입을 허용했어요. 지하철역이나 쇼핑몰에 있는 지점의 경우 주변 가게에서 구매한 음식을 별도의 비용을 내지 않고 먹을 수 있었죠. 그러니 컨비니언스 바는 오사케노 비주쓰칸에서 하던 방식을 더 체계적이고 효율적으로 업그레이드 한 거예요.

이처럼 편의점과 결합한 모델인 컨비니언스 바가 생겨 외부 음식을 더 쉽게 가져올 수 있게 됐어요. 날이 갈수록 발전하는 편의점 음식은 고객 경험을 개선하는 데 큰 역할을 했어요. 하지만 컨비니언스 바를 기획한 건 안주 때문만은 아니에요. 모객 측면에서도 편의점 옆에 있는 것이 유리하다는 판단이 있었죠. 물론 저렴한 가격을 유지하기 위해 운영 비용을 낮추는 것도 필요하지만, 매출에 직접적인 영향을 미치는 모객도 중요할 수밖에요.

"편의점은 연령과 성별을 불문하고 매일 많은 고객들이 방문해요. 편의점에서 구매한 안주와 함께 술을 마실 수 있게 하면 편의점에 방문하는 고객을 조금이라도 오사케노 비주쓰칸으로 오게 할 수 있지 않을까 하는 생각이 들었어요."

- 〈FNN〉 인터뷰 중

오사케노 비주쓰칸을 운영하는 회사 '노부찬맨'의 담당자가 한 말이에요. 편의점과 협업을 하기 시작한 이유에 대한 답변이죠. 편의점 일 평균 방문 고객 수가 1,000여 명 정도니 이중 일부를 끌어올 수 있다면 매출을 가볍게 올릴 수 있어요. 또한 편의점 고객은 낮 시간대에도 많으니 15시부터 운영하면서 낮술 수요도 흡수할 수 있죠. 꼭 이번이 아니더라도 편의점에 온 고객들에게 오사케노 비주쓰칸을 노출시켰으니 다음 방문을 기대할 수도 있고요. 운영 비용뿐만 아니라 마케팅 비용도 줄일 수 있는 거예요. 그렇다면 이렇게 편의점과 결합해서 비용 구조를 개선하고 객수를 늘린 컨비니언스 바의 수익성은 어느 정도 수준일까요?

컨비니언스 바의 월평균 매출은 240만엔^{약 2천 4백만원}, 평균 영업이익률은 20%를 웃돌아요. 안주를 아웃소싱해서 원재료비와 인건비를 절감했으니 다른 주점들보다 영업이익률이 높은 편이죠. 보통의 술 가게에서는 이 두 항목의 비율이 약 60%인 반면, 컨비니언스 바는 40~50% 수준이거든요. 게다가 요리할 공간도 필요 없으니 임대료를 줄일 수도 있고요. 그런데 여전히 한 가지 의문이 남아요. 편의점에 온 고객이 근처의 다른 술집이 아니라 오사케노 비주쓰칸으로 향하는 이유 말이에요.

시간이 흐를수록 가치가 올라가는 재고

물론 고객이 편의점에서 오사케노 비주쓰칸으로 넘어가는 게 이상한 일은 아니에요. 일본에는 가볍게 한 잔 즐기는 '초이노미', 서서 술을 마치는 '타치노미' 등의 문화가 있으니까요. 또한 위스키 한 잔에 500엔^{약 5천원} 수준이니 가격 경쟁력도 있죠. 하지만 이걸로는 설명이 충분하지 않아요. 오사케노 비주쓰칸은 '희귀한 술을 보다 캐주얼하게, 보다 부담 없이 즐기자'를 모토로, 단종되었거나 보기 드문 술도 잔 단위로 파는 것이 특징이거든요.

보통의 경우 과거에 주조해 숙성시킨 술은 시간이 갈수록 희귀해지기 마련이에요. 만든 양은 정해져 있으니 시간이 지나며 소비될수록 남은 양이 줄어들게 되니까요. 특히 숙성된 일본산 위스키를 구하기 어려운데요. 이런 상황을 이해하려면 30년 전으로 돌아가 봐야 해요. 당시 일본은 고도성장을 구가했어요. 그러다 경제의 거품이 터졌죠. 경기가 나빠지면서 술 소비량이 줄어들었고, 특히 고급 주류였던 위스키 수요가 급감했어요. 이에 대응해 산토리⊕ 등 일본 위스키 업체들은 생산설비를 축소하면서 공급을 줄일 수밖에 없었죠.

그렇게 일본산 위스키의 수요와 공급은 안정을 되찾았어요. 그런데 2008년부터 균형점에 균열이 생기기 시작했어요. 위스키를 탄산에 타먹는 하이볼 때문이에요. 하이볼을 찾는 사람이 많아지자 기주가 되는 위스키의 수요가 폭발적으로 증가했어요. 그런데 한번 줄여버린 생산을 즉각적으로

OSAKA
품귀현상의 일본산 위스키를, 품격있게 마실 수 있는 위스키 바
산토리 위스키 하우스

늘리기는 어려워요. 공장을 바로 증설하기도 어려울뿐더러, 원액을 10년 단위로 숙성하는 위스키의 경우 물리적으로 시간이 필요하죠. 30년 전에 경기 침체로 공급량을 확 줄였으니, 일본산 위스키 30년산의 희소가치가 높아지고 가격이 치솟은 거예요.

컨비니언스 바에서는 이런 술들을 저렴하게 마실 수 있어요. 그러니 편의점에 왔다가 오사케노 비주쓰칸에 들를 이유가 있죠. 또한 희귀한 술을 파는 이 바의 경쟁력 덕분에 편의점에 방문했다가 오사케노 비주쓰칸으로 넘어가는 고객만큼이나, 반대로 오사케노 비주쓰칸에 왔다가 안주를 사러 편의점으로 가는 경우도 많아요. 편의점을 등에 업기만 하는 게 아니라 편의점의 등을 밀어주기도 하는 거예요. 게다가 파는 술 종류에 차이가 있으니 서로 간에 매출 잠식이 일어날 가능성도 낮고요.

그뿐 아니라 희귀한 술을 보유하고 있으면 또 다른 장점이 있어요. 재고 부담이 줄어들거든요. 안주류를 편의점 안주로 대체했으니 컨비니언스 바에 있는 유일한 재고는 술이에요. 그런데 앞서 설명했듯이 위스키 등의 올드 보틀은 희소성으로 인해 시간이 지날수록 가치가 상승해요. 구색을 갖추기 위해 술병을 입고해 두었다 하더라도 혹은 지금 당장

술이 팔리지 않는다 하더라도 노심초사할 필요가 없죠. 시간이 컨비니언스 바의 편이니까요.

팔겠다는 의지가 팔리는 기획을 만든다

"제품이 가치 있다고 반드시 잘 팔리는 것은 아니에요."

오사케노 비주쓰칸을 만든 '노부오 타키시타'의 말이에요. 그가 이런 생각을 가지게 된 계기가 있어요. 어린 시절, 그의 어머니는 노점상을 운영했는데요. 한 번은 그녀가 비가 오는 날에도 비를 맞으면서까지 물건을 팔고 있었어요. 그는 대단한 물건도 아니고 비도 오고 하는데 누가 살까 의구심을 가졌지만, 어머니의 적극적인 세일즈에 지나가는 행인들이 물건을 구매했죠. 그때 깨달았어요. 팔겠다는 의지가 필요하다는걸요. 결국 비즈니스는 같은 제품이라도 더 잘 파는 방법을 찾는 여정이에요.

그의 이런 철학이 오사케노 비주쓰칸에 고스란히 녹아 있어요. 위스키 등 구하기 어려운 술을 파는 바는 그 자체로도 잘될 수 있을 거예요. 하지만 그는 더 잘 팔기 위한 방법을 고민했어요. 술의 가격을 낮추고자 안주류를 아웃소싱해 원재료비, 인건비, 임대료 등을 절감했고, 편의점과 제휴해 마케팅비를 줄이면서도 모객을 안정적으로 할 수 있는 사업 모델을 개발했죠. 여기에다가 희소성이 높은 술을 중심으로 구색을 갖춰 재고비 부담도 덜었죠. 더 잘 파는 방법을 찾은 것뿐만 아니라 하방을 지지할 수 있는 사업 모델을 구축한 셈이에요.

2019년에 시작한 오사케노 비주쓰칸은 2030년까지 전국에 1천개의 바를 오픈하는 것을 목표로 해요. 그렇다고 1천개 전부를 컨비니언스 바로 열겠다는 건 아니에요. '일상의 장면에 바 문화를'이라는 비전처럼, 바 문화를 더 대중화하기 위해 다양한 형태를 개발하고자 하죠. 2023년 11월 기준으로 58개 매장을 운영하고 있으니 아직 갈 길은 멀어요. 그럼에도 별거 아닌 잔술을 별것처럼 파는 오사케노 비주쓰칸이기에, 그들의 담대한 비전을 달성하는 방법도 별일 아닌 듯 찾아낼 수 있지 않을까요?

03

홀 러브 교토

전통의 가치를 요즘 스타일로,
장인을 재해석하는 장인

| 경영 철학 | 컨셉 기획 | 사업 전략 | 수익 모델 | 브랜딩 마케팅 | 고객 경험 | 디자인 |

©홀 러브 교토

교토는 일본의 전통이 짙게 남아 있는 도시예요. 천 년이 넘는 시간 동안 일본의 수도였을 뿐만 아니라, 도시 곳곳에 과거의 모습이 보존되어 있거든요. 그만큼 일본의 전통문화를 소재로 할 수 있는 일들이 많은 도시라는 뜻이죠. 그래서 교토에는 '교토'의 이름을 달고 수많은 기념품이 판매되고 있어요. 그런데 그중에는 '메이드 인 교토'가 아닌데도 교토의 기념품 자리를 차지하는 것들이 있어요. '홀 러브 교토^{Whole Love Kyoto, 이하 WLK}'는 여기에 문제의식을 가졌어요. 교토에서 만들지 않은 제품이 교토의 이름을 달거나, 교토를 모티브로 하거나, 교토에서 판다는 이유로 교토의 기념품이 되는 건 반쪽짜리라는 거예요.

WLK는 진짜 교토를 대표하는, '교토'라는 말이 부끄럽지 않은 기념품을 만들고자 했어요. 전 세계 어디에서나 같은 것을 만들 수 있는 요즘, 오직 교토에서만 만들 수 있는 제품만이 진정으로 교토를 대표할 수 있으니까요. 이름에서부터 교토에 대한 사랑이 넘치는 WLK는 교토의 전통을 세

상에 알리겠다고 하는 많은 브랜드들 중에서도 특별해요. 스스로 장인이 되기보다, 이미 교토에서 업력을 쌓아온 장인들의 기술과 문화를 알리는 역할을 하거든요.

　WLK가 차별화되는 시작점이 바로 장인과의 컬래버레이션이에요. 교토에는 수많은 전통 공예 장인들이 있는데요. 몇 대를 걸쳐 이어져 내려온 장인들의 기술은 예술의 경지에 이르렀어요. 옻칠, 부채, 전통 염색, 직물 등 영역도 다채로워요. 하지만 안타깝게도 높은 수준의 기술을 가지고도 사라지는 곳들이 수두룩해요. 시대의 눈높이를 맞추지 못해 팔리지 않기 때문이죠.

'오래된 것이 새로운 것이다.'

WLK는 이 슬로건 하에 장인들의 지혜, 기술, 문화, 오리지널리티 등이 사라지지 않도록 그것을 요즘 스타일의 제품으로 디자인해요. 장인의 가치를 패션화하는 것이야말로 교토에서만 할 수 있는 것이라고 생각하거든요. WLK의 접근처럼 오래된 것들이 사라져 가기에, 역설적으로 오래된 것들은 새로움이 될 수 있어요. 독창성을 가지고 있으니 이를 재해석한다면 새롭게 보일 수 있는 거예요.

스니커즈 위에 덧댄 V자 끈의 정체

WLK의 제품군은 다양해요. 식료품부터 가방, 스카프, 모자 등 패션 소품까지 영역을 가리지 않고 장인을 발굴하죠. 그중 WLK의 시그니처 제품은 '하나오 슈즈Hanao Shoes'인데요. 하나오 슈즈는 일본의 전통 신발인 조리와 게타의 하나오를 재해석한 신발이에요.

하나오가 뭐냐고요? 조리나 게타를 만들 때 발이 닿는 나무판에 구멍 3개를 뚫어 V자 모양으로 끈을 연결하는데, 이 끈을 하나오라고 불러요. 조리나 게타는 서양 문물이 들어오기 전까지 일상에서 모두가 신던 신발이었어요. 그래서

하나오는 일본인들의 발에 익숙한 요소였죠. 하지만 구두나 운동화가 보급되고 나서는 상황이 바뀌었어요. 특별한 날 또는 전통 의상을 갖춰 입는 특정 직업이 아닌 이상 일상에서 전통 신발을 신는 사람을 찾아보기가 어려워졌죠. 그렇게 일본인들의 발에서 하나오는 사라져갔어요.

WLK는 하나오를 다시 일상에 끌어들일 수 있는 방법을 궁리했어요. 그러고는 나무판 대신 하얀색 스니커즈 위에 하나오를 장착해 패션 소품으로 재해석했죠. 흰색 스니커즈 위에 디자인도, 소재도 각양각색인 하나오를 꿰어 놓아 자기의 개성을 표현할 수 있도록 한 것이 바로 하나오 슈즈예요.

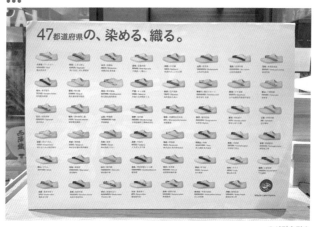

　　하나오 슈즈의 모든 요소는 일본에서 제작돼요. 그중 스니커즈 위에 하나오를 부착하는 마무리 작업이 교토에서 이루어져요. 황실 납품업자인 '기쿠노요시', '히라이 서점' 등 교토의 장인들이 수작업으로 진행하는데요. 하나오의 디자인은 총 47가지예요.

　　47이라는 숫자, 일본과 연관 짓자면 어쩐지 익숙하지 않나요? 일본의 행정구역인 도도부현이 47개거든요. 하나오 슈즈는 47개 도도부현 각각의 특징적인 직물로 하나오를 디자인했어요. 도쿄의 전통 염색 기법을 살린 '에도사라사', 아오모리현의 전통 자수 기법인 '고긴자시' 등이 하나오 슈즈에 활용되었죠. 제작 과정뿐만 아니라 디자인 요소에도 일본의 전통을 반영한 거예요.

이렇게 일본의 전통적인 요소를 모던한 패션으로 승화하자 WLK의 입지가 교토 안팎으로 확장돼요. 하나오 슈즈는 첫 판매를 도쿄 신주쿠에 위치한 '빔즈 재팬BEAMS JAPAN'에서 시작했어요. 빔즈 재팬은 일본을 대표하는 라이프스타일 편집숍 빔즈가 '메이드 인 재팬'을 테마로 음식, 패션, 공예, 서브컬처 등의 제품과 콘텐츠를 소개하는 매장이에요. 이후 이세탄, 다이마루, 한큐 등 일본의 대표 백화점에서 팝업 매장 또는 전시를 열었죠.

일본뿐만이 아니에요. 하나오 슈즈는 이탈리아 밀라노에 위치한 편집숍 '아라베스크L'arabesque', 영국 런던의 주요 백화점인 '리버티Liberty', '셀프리지스Selfridges' 등 유럽에서도 판매돼요. 하나오가 일본에서는 구식의 전통이지만 유럽 문화권에서는 새로운 패션으로 다가온 거예요. 일본의 각 지역색을 담은 하나오가 덧대진 스니커즈는 독창적인 세련미를 뽐내며 서양인들의 반응을 이끌어 냈어요.

전통적 요소를 일상에 스며들게 하는 방법

하나오 슈즈 외에는 어떤 것들이 있을까요? 하나오 슈즈가 전통적인 요소를 요즘의 제품에 적용했다면, 라이프스타일 제품을 전통적인 기술과 디자인으로 만든 것들도 있어요. 일본의 매듭 문화를 디자인으로 승화한 모자, 교토의 제작 방식으로 만든 수건, 여러 분야의 공예 장인들과 협업해 선보인 아이스크림 숟가락 등 분야도 다양해요.

먼저 모자를 볼게요. WLK는 일본의 매듭 문화에 착안해 젊은 세대들 사이에서 유행하는 '버킷 햇'을 만들었어요. 일본에서 매듭은 중요한 문화적 요소예요. 기모노 띠를 다양한 방법으로 묶어 자신만의 스타일을 표현하기도 했고, 짐을 묶을 때에도 문양과 묶는 방법을 통해 짐의 무게나 소유자의 가문 등을 나타내기도 했으며, 선물용 매듭을 '미즈히키'라고 부르며 하나의 분야로 구분하기도 했죠. '매듭장'이라고 불리는 공예 장인이 있기도 하고요.

WLK는 버킷 햇을 '사나다히모'라 불리는 무명끈으로 둘러 사이즈를 조절할 수 있게 했어요. 어떻게 묶느냐에 따라 디자인이 달라져, 매듭의 다채로움을 느낄 수 있게 만든 제품이에요. 젊은 세대들이 매듭으로 개성을 드러내면서 자연스럽게 매듭 문화를 체험할 수 있도록 한 거죠.

한편 일본의 전통 수건인 '테누구이'도 모던하게 재탄생시켰어요. 테누구이는 편평한 면직물로 방염이나 날염 가공

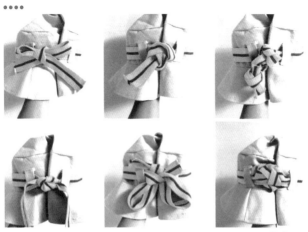

을 거쳐 만드는 다목적 수건이에요. 몸의 물기를 닦는 데 사용하기도 하지만 머릿수건, 머플러, 무용 소품 등으로도 활용해요. 요즘에는 무언가를 닦거나 패션 소품으로 역할을 하기보다 벽걸이 장식으로 쓰는 경우가 많아요. 일본을 대표하는 면직물이기에 기념품으로도 많이 판매되고 있고요.

WLK는 교토의 여러 염공 장인들과 함께 기계가 아니라 수작업으로 염색한 테누구이를 만들어요. 또 다른 특징은 사라져가는 교토의 이야기를 소재로 테누구이를 디자인한다는 거예요. 예를 들어 교토의 화과자 목형을 소재로 테누구이를 디자인하는 식이에요. 화과자의 형태를 결정짓는 목

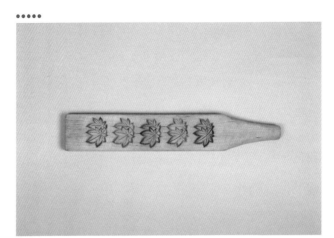

형은 계절감 있는 꽃 또는 십이지신 등 교토의 자연과 문화가 모티브예요. 그런데 화과자 목형을 만드는 장인은 일본에 몇 명 남아 있지 않은 실정이죠.

WLK는 화과자 목형을 만드는 장인들을 기리고자 화과자 목형의 무늬를 테누구이에 입혀요. 가상의 화과자 목형이 아니라 교토 기온에 위치한 와가시 가게, '카기젠 요시후사'에서 사용하는 화과자 목형을 빌린 후 스캔해 실제 문양의 섬세함을 살렸죠. 전통적인 손수건뿐만 아니라 교토의 화과자 문화까지 전파하는 셈이에요. 이 밖에도 교토의 전통가옥 '마치야', 교토의 오래된 후르츠 카페 '호소카와'의 과일

샌드 단면 등을 테누구이 디자인 소재로 활용하고 있어요.

또한 화과자 목형 장인과 협업해 아이스크림 숟가락을 만들기도 했어요. 화과자 목형의 쓸모가 점점 줄어들고 있으니 숟가락에다가 화과자 목형 디자인을 접목시켜 새로운 쓸모를 찾아준 거예요. WLK의 아이스크림 숟가락은 '토모히코 타니구치'라는 화과자 목형 장인이 제작하는데요. 소재도 디자인도 화과자 목형을 따르죠. 화과자 목형에 사용되는 벚나무를 숟가락의 소재로 하고, 화과자 목형에 쓰이는 벚꽃, 단풍, 장미, 물떼새 등 4가지 디자인을 숟가락 손잡이 부분에 새겨 넣었어요.

아이스크림 스푼을 꼭 나무로 만들어야 하는 법은 없어요. 그래서 WLK는 화과자 목형 장인뿐만 아니라 칠보 장인, 쇠장식 장인, 기와 장인, 석공예 장인 등 분야를 가리지 않고 전통적인 소재를 다루는 공예가들과 협업해 새로운 아이스크림 숟가락을 디자인해요. 이처럼 WLK는 요즘의 라이프스타일에 쓰이는 제품을 전통 기술과 디자인으로 만들어 교토가 품고 있는 가치를 일상에 스며들게 만들고 있어요.

100장의 카드 속에 담긴 노포의 비밀

WLK는 교토에서만 만들 수 있는 것에 관심을 갖고 오래된 것이 새로운 것이라고 말하면서 다양한 제품을 재해석해요. 이런 WLK가 교토에 있는 노포를 간과할 리 없어요. 교토에는 100년 이상 된 노포가 약 1,500개 정도 있는데요. 그중 노포의 히스토리와 스토리가 알려진 곳은 얼마나 될까요? 오래된 가게라는 것은 인지해도, 그에 대한 이야기를 아는 경우는 많지 않아요.

그런데 한 도시에서 100년이 넘는 시간을 이겨온 노포는 그 지역 역사의 산증인이자 문화적 가치가 있어요. 콘텐츠화해서 알릴만한 가치가 충분하죠. 그러려면 각 노포의 이야기를 아카이빙 해야 하는데, 이것부터 일이에요. 노포가 작을수록 그럴 여력이 없고요. 설령 콘텐츠로 만든다 해도 그 방법에 따라 사람들의 관심도가 달라져요. 책으로 엮는 것을 떠올려 볼 수 있지만, 웬만한 기획과 디자인이 아니고서야 반응을 이끌어 내기가 쉽지 않죠. 그렇다면 어떻게 해야 교토에 있는 노포의 이야기를 콘텐츠화하고, 사람들이 관심을 갖게 할 수 있을까요?

여기에 WLK는 '게임화'라는 아이디어를 내놓았어요. 노포를 소재로 한 카드 게임인 '교토 100 카루타'를 개발한 거예요. '카루타'는 100장의 카드로 구성된 일본의 대중적인 카드놀이예요. 〈명탐정 코난〉, 〈짱구는 못말려〉 등 인기 만

福井井
辻森
京都
内

内	京都	辻森	福井井
ほこりある 二百余年 箒ぶら下げ 看板いらず 内藤商店	宮中の 文化受け継ぐ 有職の 節句人形 京都島津	目印は 東洞院 六角の 屋根上自転車 辻森自転車商会	ケチらんと道具にこだわる 京畳 仕立てで紡ぐ 福井徳製畳店

京都
100年かるた
まっぷ

map

화에도 에피소드의 소재로 등장하기도 하고, 〈치하야후루〉처럼 아예 카루타 경기를 소재로 한 순정 만화도 있어요. 고전 시詩 카루타인 '백인일수 카루타'는 전국 단위의 대회가 개최되기도 해요. 그만큼 일본인에게는 남녀노소 누구나 익숙한 게임이라는 뜻이에요.

카루타는 종류에 따라 룰이 조금씩 다른데요. 그중 가장 기본이 되는 시 카루타를 기준으로 설명할게요. 카루타의 카드는 크게 사회자용 카드인 '요미후다' 50장과 참가자용 카드인 '토리후다' 50장으로 구성돼요. 요미후다에는 시의 앞부분인 상구가 적혀 있고, 토리후다에는 시의 뒷부분인 하구가 적혀 있어요. 사회자가 요미후다에 적힌 시의 상구를 말하면, 바닥에 깔린 토리후다 중 그 시의 하구가 적힌 카드를 먼저 발견해 쳐내는 게 룰이에요. 가장 많은 카드를 쳐낸 사람이 승자가 되고요.

WLK는 교토에 있는 100년 이상의 역사를 가진 노포 50개를 모아 카루타를 만들었어요. 일본인에게 익숙한 게임으로 다소 낯설었던 노포를 친숙한 장소로 느낄 수 있게 한 거예요. 요미후다에는 가게 이름과 가게에 대한 설명이 적혀 있어요. 반면 토리후다의 앞면에는 그 가게를 상징하는 일러스트가, 뒷면에는 해당 점포의 모습과 창업 연도가 그려져 있죠. 일반적인 카루타 게임처럼 요미후다에 있는 가게 이름과 설명을 듣고 그 가게의 일러스트가 그려진 토리후다를 먼저 쳐내는 게 게임의 방식이에요.

교토 100 카루타는 제품 구성에서도 교토의 노포와 사람들 간의 연결을 유도해요. 먼저 교토 100 카루타에는 50개 노포의 위치가 표시된 지도가 동봉되어 있어요. 노포에 대해 알게 된 사람들이 직접 노포를 방문하고 싶어졌을 때 활용할 수 있도록요. 또한 제작 과정에도 교토의 장인과 협업해 그들의 기술을 알린다는 WLK의 정신을 반영했어요. 1800년부터 교토에서 카루타를 만들어 온 노포인 '교토 오이시텐구도'가 제작을 맡았거든요. 이처럼 WLK는 재미를 추구하면서도 동시에 의미를 놓치지 않았어요. 덕분에 2021년 '굿 디자인 어워드'에서 수상하기도 했고요.

전통을 재해석하려면 R&D가 필요하다

오래된 전통을, 장인의 지혜를 '좋아하기'는 쉽지만 '구매하기'는 어려운 일이에요. 만국 공통으로 전통문화가 직면한 과제이기도 하고요. 그런데 WLK는 이 어려운 문제를 차근차근 풀어나가고 있어요. WLK가 교토의 전통문화를 소재로 비즈니스를 만들 수 있었던 데에 핵심적인 뼈대가 된 것은 교토에 대한 R&D예요. WLK는 교토의 장인들과 수도 없이 만나면서 문화를 조사하고, 연구해 왔어요.

그런데 WLK의 이 모든 과정을 함께 한 든든한 파트너가 있어요. '교토 T5'예요. 교토 T5는 교토 예술 대학교^{Kyoto University of Arts}가 운영하는 조직으로, WLK의 전통문화 아카이빙과 제품 디자인에 힘을 보태요. 헤리티지가 있는 학술기관이 합세하니 많은 부분이 수월해져요.

장인들과의 커뮤니케이션은 물론, 영국의 로얄 컬리지 오브 아트^{Royal College of Art}, 스위스의 헤드 제네바^{HEAD Genève} 등 유럽의 대학과 연계해 공동 연구를 하거나 공동 제작을 하는 데에도 큰 도움이 되었죠. 특히 이 과정에서 WLK는 유럽인들이 교토의 전통문화를 바라보는 관점을 통해 미처 발견하지 못했던 교토의 매력을 다시금 깨닫게 되었고요.

WLK는 그들의 비즈니스가 가능한 이유를 교토의 전통 덕분이라고 말해요. 하지만 앞으로 시간이 더 지나면 'WLK가 교토의 전통을 재해석한 덕분에' 사람들이 교토에 감사하는 날이 오기를 바라죠. 그래서 WLK는 더 깊은 연구를 진행하고, 더 많은 장인들을 만나면서, 더 와닿는 제품들을 선보이고 있어요. 지치지 않고 하다보면 WLK 스스로도 '장인의 제품을 재해석하는 장인'이 될 수 있지 않을까요?

04

신풍관

교토에 새 바람이 분다,
이름값하는 공간의 품격

경영
철학 | 컨셉
기획 | 사업
전략 | 수익
모델 | 브랜딩
마케팅 | 고객
경험 | 디자인

©시티호퍼스

도쿄역 앞에는 독특한 빌딩이 하나 있어요. 바로 'JP 타워'
예요. JP 타워는 38층 높이의 건물인데 6층까지의 저층부와
그 이상의 고층부로 나뉘어요. 저층부와 고층부가 다른 빌딩
으로 보일 만큼 이질적이죠. 여기에는 이유가 있어요. JP 타
워는 과거 도쿄 중앙 우체국 건물을 리모델링해서 지었는데
요. 과거를 보존하기 위해 예전 건물의 외관을 그대로 둔 채
그 위에 업무 시설인 고층부를 증축한 거예요.

   우체국 건물이었던 저층부에는 상업시설이 들어섰어요.
그러면서 건물의 뼈대뿐만 아니라 우체국의 역할과 의미까
지 계승하여 공간을 구성했죠. 한 통의 편지가 사람 사이를
연결하듯이, '연결'을 테마로 사람과 사람, 지역과 지역, 시대
와 시대를 연결하는 곳으로 꾸민 거예요. 상업시설 이름도
일본어로 우표를 뜻하는 '킷테KITTE'로 지었고요. 그런데 주
변의 건물들은 재개발하는 과정에서 과거의 건물들을 다 부
쉈는데, 왜 이 건물은 남겨 놓은 걸까요?

   1933년에 완공된 도쿄 중앙 우체국 건물은 일본 모더니

©시티호퍼스

즘 건축의 걸작으로 평가받아요. 일본 건축사에서 의미가 있으니 보존할 가치가 있었죠. 이 건물을 설계한 건축가는 일본 모더니즘 건축의 선구자인 '요시다 테츠로'. 그는 도쿄 중앙 우체국 건물을 설계하면서 내부에 팔각형 기둥을 촘촘하게 세웠어요. 그 당시에는 기둥 없이 6층 건물을 짓는 일은 불가능했거든요.

그런데 상업시설인 킷테에 들어가 보면 6층 높이의 공간이 탁 트여 있어요. 건축 공법이 발전해 이제는 기둥 없이도 건물을 지탱할 수 있게 됐으니 기둥을 치운 거죠. 동시에 킷테의 리모델링을 맡은 '구마 겐고'는 과거를 보존하기 위한 묘수를 냈어요. 그는 실물 기둥을 없애고 공간감을 확보한 대신, 요시다 테츠로의 팔각형 기둥을 재해석해 '빛의 기둥'을 만들었어요.

빛의 기둥은 상상력으로 세운 기둥이에요. 우선 바닥에다 팔각형 모양으로 생긴 통풍구를 만들어 기둥이 있던 자리에 흔적을 남겼어요. 그러고는 천장에 은색 금속 소재로 만든 선을 팔각형 기둥 모양을 따라 늘어뜨렸죠. 이렇게 하니 마치 보이지 않는 기둥이 존재하는 듯해요. 과거의 장소성을 보존하면서도, 컨템포러리적인 장식으로 승화시키는 세련된 방식이에요.

킷테는 요시다 테츠로가 설계한 과거의 건물을 구마 겐고가 이어받아, 현대적인 과거 혹은 과거다운 현재를 품고 시간을 이어가고 있어요. 그런데 요시다 테츠로가 짓고, 구마 겐고가 생명력을 연장한 건물은 도쿄의 킷테뿐만이 아니에요. 교토에도 1926년에 요시다 테츠로가 설계한 건물을 2020년에 구마 겐고가 탈바꿈한 곳이 있거든요. 과거 교토 중앙 전화국이었던 건물을 리모델링한 '신풍관新風館'이에요.

#1. 건축 - 과거에 새 바람을 불어 넣는다

교토 중앙 전화국 건물은 1983년에 교토시가 지정한 등록 문화재 제1호예요. 역사적, 문화적 가치를 인정받은 이 문화재는 2001년에 리모델링을 하면서 미래를 향해 발을 내디뎠죠. 옛 전화국의 외관은 그대로 유지하면서 내부를 현대적으로 개조해 상업시설로 탈바꿈한 거예요. 교토에 새로운 바람을 일으키고 싶다는 마음을 담은 '신풍관'이라는 이름도 이때 지어졌고요.

15년이 흐른 2016년, 신풍관은 첫 번째 리모델링 때 기약했던 대로 본격적인 리모델링을 하기 위해 잠시 문을 닫았어요. 두 번째 리모델링을 하면서 교토의 얼굴이자 도시의 랜드마크가 되는 것을 목표로 했죠. 약 4년의 시간 동안 신

©시티호퍼스

관을 증축하고, 기존의 상업시설에다가 호텔, 영화관 등을 추가로 갖춘 복합문화시설로 거듭났어요. 2020년, 그렇게 신풍관의 두 번째 챕터가 시작됐죠.

'전통과 혁신의 융합'

새로운 신풍관의 컨셉이에요. 리모델링을 맡은 건축가는 구마 겐고. 그는 기존 신풍관의 외관을 그대로 살렸을 뿐만 아니라, 다양한 형태로 교토의 역사와 문화를 계승해 미래와 연결하고자 했어요. 공사 중에 발굴된 무로마치 시대의 정원 석조를 건물의 옥상 정원에 재현한다거나 교토의 전통 공예를 응용해 내부를 디자인하는 등 신풍관 곳곳에 과거와 현재 그리고 미래를 잇는 요소들을 구현해 놓았죠.

신풍관은 L자 형태의 기존 건축물 구조를 그대로 유지하고 있어요. 대신 신풍관 건물과 맞닿아 있는 3개의 거리 어디에서든 신풍관으로 들어올 수 있도록 입구를 설계했어요. 이 입구들은 모두 L자 건물 안쪽에 있는 중정으로 통해요. '도시의 중심에 자연 풍경을 넣는다.'는 기획의도에 걸맞게 도시의 거리를 걷다 신풍관으로 들어서면 중정의 자연이 방문객들을 맞이해요. 마치 도시에서 자연으로 장면이 전환되는 것 같은 느낌을 자아내죠.

안뜰을 중심으로 북쪽, 서쪽, 동쪽 어디서든 접근 가능한 구조는 신풍관의 이름에 담긴 '새로운 바람이 불게 하겠다.'는 의지를 반영하고 있어요. 더 나아가 '도시의 흐름'을 원활하게 한다는 관점으로 길거리와 신풍관 사이를 연결하는 긴 통로를 배치하고, 이 통로들을 파사주^{Passage, 점포가 늘어선 공공 통로}로 구성했죠. 신풍관의 지하 2층은 지하철역과도 연결되어 있어 지역 주민들의 이동을 자연스럽게 만들었어요.

새로운 신풍관은 건물의 구조뿐만 아니라 소재로도 과거와 그리고 지역과 연결되어 있어요. 건물 외관에는 황화동판으로 만든 큰 처마와 황동색 루버^{Louver}가 설치되어 있고, 건물 곳곳에는 철망 메쉬^{Mesh}가 있는데요. 이는 기존 교토 중앙 전화국 건물의 인더스트리얼한 분위기와 조화를 이루기 위한 요소예요. 동시에 빛과 바람을 부드럽게 여과하는 장치이기도 하고요.

자칫하면 차갑게 보이는 메탈 소재를 보완하기 위해 목재도 적절하게 덧댔어요. 건물 천장에 격자로 된 목재 프레임을 배치했거든요. 목재는 구마 겐고가 주특기로 활용하는 소재이기도 하죠. 이 목재 프레임을 건물 내부뿐만 아니라 외부까지도 가로지르는 형태로 설계해 공간에 넓이감과 깊

이감을 더한 거예요. 이처럼 건물 전체에서 '전통과 혁신의 융합'을 녹여내기 위해 고민한 흔적을 엿볼 수 있어요.

#2. 상업시설 - 세상과 교토를 연결한다

이제 신풍관 안으로 들어가 볼까요? 지하 1층에는 영화관이, 1층의 파사주와 안뜰 복도에는 약 20개의 매장이, 그 옆에는 호텔이 들어서 있어요. 그런데 영화관도, 상업시설도, 호텔도 교토에 새로운 바람을 불어 넣고자 하는 신풍관의 이념과 맞닿아 있어요.

먼저 영화관. 지하 1층에 있는 '업링크 교토^{UPLINK 京都}'는

도쿄에서 온 미니 시어터 콤플렉스로, '업링크 시부야', '업링크 기치조지'에 이어 3번째 지점을 교토에 오픈했어요. 간사이 지역으로의 첫 진출이에요. 업링크는 영화를 보는 경험을 특별하게 만드는 영화관을 지향해요. 그래서 음향, 음식, 상영관 디자인 등 어느 하나 평범한 것이 없어요. 게다가 최신작보다는 작품성 있는 영화들을 상영해 영화의 다양성을 추구하죠. 업링크 교토가 들어선 덕분에 교토의 영화 문화에도 새바람이 불고 있어요.

다음은 상점가. 신풍관 1층에는 파사주나 안뜰 복도에 약 20개 매장이 입점해 있어요. 이곳에서는 트렌드와 교토다움이 만나요. 신풍관에 입점해 있는 매장들은 대부분 교토 '최초'로 오픈한 매장들이거든요. 메종 키츠네 카페^{Maison Kitsune Cafe}, 르 라보^{LE LABO}, 1LDK, 트래블러스 팩토리^{Traveler's Factory} 등 이름만 들어도 알법한 브랜드의 첫 번째 교토 매장이 모두 신풍관에 모여 있어요. 이런 브랜드들이 교토에, 그것도 한 건물에 매장을 연다는 소식만으로도 사람들의 이목이 집중됐죠. 이처럼 신풍관은 감도 있는 브랜드를 교토에 선보이는 역할도 하지만, 반대로 교토 또는 일본의 전통을 현대적으로 재해석하는 브랜드들을 소개하기도 해요.

예를 들어 볼게요. 신풍관의 '빔즈 재팬^{BEAMS JAPAN}'은 일본의 패션 브랜드 '빔즈^{BEAMS}'에서 일본의 문화를 재발견하고 세계에 발신하기 위해 운영하는 매장이에요. 일본 전역에 신주쿠, 시부야, 교토 단 3곳밖에 없죠. 빔즈 재팬은 일본을 소재로 한 라이프스타일 제품을 만들어 판매하거나 일본 장인들이 만든 세련된 제품을 큐레이션하는데요. 빔즈 특유의 관점으로 일본의 감성과 위트를 재조명하면서, 신풍관을 방문한 사람들에게 일본의 문화를 알리고 있어요.

신풍관에서 주목할 만한 또 하나의 매장은 '디스이즈시젠^{(THISIS)SHIZEN}⊕'이에요. 디스이즈시젠은 신풍관의 메인 입구 쪽 중정 맞은편에 위치해 있어요. 중정과 함께 방문객들을 맞이하는 역할을 하죠. 디스이즈시젠은 일본의 전통 정원을 테마로 하지만, 자연을 일본 전통의 테두리 밖으로 꺼내 와 일상에서 즐길 수 있도록 제안해요.

전통 정원을 테마로 하는 만큼 대부분의 제품이 분재인데요. 그중 눈에 띄는 제품이 있어요. 분재를 뿌리째 뽑아 아래쪽을 둥글게 만든 '이끼볼'이에요. 이끼볼은 일본 전통 재배 양식인 '코케다마'에서 착안한 것으로 '공간에 이끼볼을 놓기만 하면, 그곳이 정원이 된다.'는 메시지를 품고 있어요. 실제로 디스이즈시젠은 이끼볼을 매장 테이블 곳곳에 놓아 이끼볼로 연출하는 정원을 경험할 수 있도록 해 두었어요.

⊕ **KYOTO**
먹을 수 있는 부케를 만들어, 꽃길을 걷고 있는 식물 가게
디스이즈시젠

　식물 가게인데 웬 테이블이냐고요? 디스이즈시젠은 단순
한 식물 가게가 아니라 식물도 파는 '카페'예요. 그래야 사람
들이 더 쉽게 드나들 수 있으니까요. 디스이즈시젠에서는 음
료와 디저트를 즐기며 느긋하게 일본 전통 양식에서 영감을
받은 플랜테리어를 즐길 수 있어요. 그런데 이곳에서 파는
메뉴들도 심상치 않아요. 디스이즈시젠의 브랜드 컨셉에서
영감을 받아 개발했거든요.

　디스이즈시젠을 대표하는 메뉴는 화려한 색감이 조화로
운 '아이스 부케'예요. 아이스크림콘 위에 꽃이 올라가 있는
데, 이 꽃의 정체는 '앙금'이에요. 앙금의 색은 고구마, 호박,

딸기 등의 식재료로 내고요. 꽃 앙금 아래에는 쌀 튀밥과 아이스크림이 들어 있죠. 전통적인 식재료에다가 현대적인 맛과 디자인을 더해 단숨에 디스이즈시젠의 대표 메뉴로 등극했어요.

이 밖에도 신풍관에는 일본의 문화를 세련된 방식으로 발신하는 브랜드들이 여럿 있어요. 남성 기모노를 컨템포러리 의류로 만든 'Y&Sons', 교토의 제철 음식을 사용해 빙수를 만들어 판매하는 '오차토사케타스키', 일본 각지의 유기농 채소와 책을 같이 판매하는 '북 앤 베지 오이오이Book and Vege OyOy' 등이 대표적이에요. 이처럼 신풍관은 트렌드와 교토다움을 교차시키며 교토에 새바람을 불어 넣고 있어요.

#3. 호텔 - 거리의 연장선을 지향한다

신풍관을 재개장할 당시 사람들의 기대를 모았던 건 신풍관의 호텔이었어요. 신풍관 리모델링 프로젝트의 일부로 1999년에 미국 시애틀에서 시작한 '에이스 호텔Ace Hotel'이 신풍관에 문을 열었거든요. 에이스 호텔 교토는 교토 첫 번째, 간사이 지역 첫 번째, 일본 첫 번째 타이틀을 넘어 에이스 호텔의 아시아 첫 번째 지점이에요.

에이스 호텔은 지역과 호텔, 커뮤니티와 게스트를 연결해 호텔의 정의를 바꾸어 놓은 호텔이에요. 숙박 공간을 넘어 로컬 문화의 구심점으로 호텔을 재정의한 거예요. 그래서 에이스 호텔은 이 DNA를 중심으로, 각 지역마다 다른 호텔을 지향해요. 역설적이게도 이 다채로움이 에이스 호텔의 정체성을 뚜렷하게 만들죠.

그런데 왜 하필 교토였을까요? 경제적 관점에서 보면 일본에는 교토보다 더 매력적인 도시들이 많은데 말이죠. 인구수나 여행객 수가 더 많은 도쿄, 간사이 지역이라면 상인의 도시 오사카도 있고요. 그럼에도 에이스 호텔이 일본에서 첫 번째 도시로 교토를 선택한 데에는 이유가 있어요. 교토

는 예술과 공예에 대한 관심을 바탕으로 풍부한 문화가 생겨
난 도시이기 때문이에요.

　에이스 호텔의 CEO '브래드 윌슨Brad Wilson'은 에이스 호
텔 교토를 열며 '일본에 뿌리를 내리는 것은 우리 호텔의 오
랜 꿈이었다.'고 밝힌 바 있어요. 그중에서도 전통과 혁신의
융합을 컨셉으로 하는 신풍관은 에이스 호텔의 새로운 둥지
로 더할 나위 없는 선택지였어요. 에이스 호텔의 철학이 신
풍관의 컨셉, 그리고 건축과 맞닿아 있기 때문이에요.

　상업시설이 있는 신풍관과 에이스 호텔의 로비는 연결되
어 있어요. 로비에는 투숙객들을 맞이하는 리셉션이 위치해

있고요. 호텔과 지역 사이의 경계를 흐려 사람들이 자연스
럽게 에이스 호텔에 들어오고, 투숙객들도 교토의 골목으로
흐를 수 있도록 유도한 설계예요.

　리셉션 데스크 맞은 편에는 에이스 호텔의 단짝, '스텀프
타운Stumptown' 카페가 있어요. 카페 입구와 리셉션 데스크 사
이에는 긴 테이블이 있는데, 스텀프타운 고객이라면 이 긴
테이블을 자유롭게 이용할 수 있어. 카페 테이블이 아니라
오히려 호텔 로비에 있는 테이블처럼 보이죠. 카페와 호텔 로
비 사이의 경계를 없애 누구나 호텔 로비를 이용할 수 있도
록 한 거예요. 또한 개별 테이블이 아니라 긴 테이블을 놓아

서로 어울리기를 바라는 에이스 호텔의 커뮤니티 컨셉을 살렸어요.

교토의 문화와 에이스 호텔의 DNA를 매끄럽게 연계한 건 공간 설계뿐만이 아니에요. 로비 천장의 구리 랜턴, 패브릭 아트 등 호텔 곳곳에서 발견할 수 있는 다양한 아트 피스 역시도 에이스 호텔의 철학을 반영하고 있어요. 에이스 호텔 교토는 미국이나 일본의 작가 50여 명과 함께 가구, 조명, 소품 등을 만들었어요. 리셉션 데스크도 장인이 손으로 직접 구리를 두드려 만든 대형 공예품이죠. 오픈 당시 에이스 호텔의 다른 어떤 지점보다도 많은 공예가들과 컬래버레이션을 한 것으로 화제가 됐을 정도예요.

교토와 에이스 호텔의 융합은 213개의 객실에서도 이어져요. 객실 인테리어 디자인은 10년 넘게 에이스 호텔과 협업해 온 LA 기반의 '코뮌 디자인Commune Design'이 맡았어요. 에이스 호텔 객실은 미니멀한 다실 스타일의 객실도, 그렇다고 요즘 유행하는 미국의 미드 센추리 모던 스타일도 아니에요. 코뮌 디자인은 로컬 공예 아티스트나 일본에서 영감을 받은 미국 아티스트들이 디자인한 담요, 아트 워크, 조명 등을 객실에 조화롭게 배치해 에이스 호텔 교토만의 스타일을 완성했죠. 이처럼 에이스 호텔은 정체성을 적절하게 녹여내며, 교토에 새바람을 몰고 왔어요.

'자연스러운 건축'으로서의 신풍관

신풍관을 관통하는 키워드 하나를 꼽는다면 '연결'이에요. 신풍관은 전통과 미래가 만나고, 교토와 세계가 만나며, 지역 주민과 여행객이 만나는 곳이에요. 건축물과 콘텐츠를 중심으로 서로 다른 것들이 한데 어우러지면서 독창적인 문화를 만들어 나가고 있죠. 그런데 신풍관은 왜 '연결'에 주목하게 된 것일까요?

신풍관 리모델링 프로젝트를 이끈 구마 겐고의 철학에서 그 단서를 찾을 수 있어요. 구마 겐고는 그의 저서 《자연스러운 건축》에서 '사회의 OS^Operating System로서의 건축'에 대해 이야기해요. 컴퓨터도 OS에 따라 그에 맞는 소프트웨어가 깔리고 구동이 되는 것처럼, 어떤 건축을 만드느냐에 따라 문화와 일상이 달라진다는 의미예요. 건물과 거리의 경계를 없애 교토에 새로운 바람을 일으킨 신풍관처럼요.

구마 겐고의 언어를 빌리자면 신풍관은 '자연스러운 건축'을 지향하고 있어요. 그런데 신풍관은 건물 가운데 중정이나 옥상 정원을 제외하고는 오히려 구리, 황동 등 인더스트리얼한 소재를 많이 사용하고 있어 '자연'과는 거리가 있

어 보여요. 그렇다면 어떤 의미에서 신풍관은 자연스러운 건
축인 걸까요?

"자연스러운 건축은 자연 소재로 만들어진 건축이 아니
에요. 콘크리트 위에 자연 소재를 덧댄 건축은 더더욱 아
니죠. 어떤 것이 존재하는 장소와 행복한 관계를 가지고
있을 때 우리는 그것을 자연스럽다고 느껴요. 주변과의
관계성인 거예요. 결국 자연스러운 건축은 지어지는 장
소와 행복한 관계를 가지는 건축이에요."

- 《지연스러운 건축》 중

자연스러운 건축에 대한 구마 겐고의 설명이에요. 소재가 자연에서 왔는지 여부가 아니라 건축물이 위치한 주변 환경에 잘 녹아 들었는지의 여부에 따라 결정된다는 뜻이에요. 건물이 위치한 장소마저도 재료로 삼아, 그 장소에 적합하게 지은 건축물이 자연스럽다는 거죠. 그런 의미에서 신풍관은 자연스러운 건축이라고 할 수 있어요.

로컬에 스며든 자연스러운 건축은 신풍관이 지향하는 '연결'이라는 가치를 구현하는 데 딱이에요. 주변 환경과 연결되기 위해 리모델링한 건축이니까요. 이렇게 신풍관이 이어가는 연결의 가치 덕분에 교토에는 새바람이 불어요. 오늘도 그렇고, 내일도 그럴 거예요.

05

류노히게 바이 미타테

'빼기의 미학'으로
그릇 위에 교토의 축소판을 만든다

<table>
<tr><td>경영
철학</td><td>컨셉
기획</td><td>사업
전략</td><td>수익
모델</td><td>브랜딩
마케팅</td><td>고객
경험</td><td>디자인</td></tr>
</table>

©시티호퍼스

돌과 모래만으로 자연 풍경을 재현한 정원을 만들 수 있을
까요? 일본의 '가레산스이'를 보면 가능하다고 말할 수도 있
어요. 가레산스이는 물과 나무를 사용하지 않고 돌과 모래만
으로 산수山水를 표현하는 일본 특유의 정원 양식이에요. 산
의 역할을 하는 돌만 남기고 강, 바다, 나무 등의 이미지는
생략해 보는이의 상상력에 맡기는 방식이죠. 그래서 '물 없
는 정원'이라고도 불려요.

'돌을 보지 말고, 돌을 놓은 짜임새를 보라.'

돌과 모래만으로 자연 풍경을 표현하는 가레산스이를 이
해하기 위한 핵심이에요. 구성 요소 하나하나를 디테일하게
표현해야만 자연을 축소할 수 있는 것이 아니라 연상을 할
수 있도록 전체의 틀을 구성하는 것만으로도 축경이 될 수
있다는 뜻이에요. 그럼에도 불구하고 뜰 안에다가 자연을 담
기 위해 생략해버린 꽃과 나무, 그리고 물이 눈에 아른거릴

©료안지

수 있어요. 이 아쉬운 마음을 달래기 위해서 어떤 방법을 썼
을까요?

《축소지향의 일본인》에서 시대의 석학 고 이어령 교수
는 직접적으로 표현하지 못한 나머지 자연은 뜰이 아니라 방
으로 들였다고 설명해요. 꽃을 방 안에서 보기 위해 '꽃꽂이'
를, 나무를 가까이서 대하기 위해 '분재'를 하나의 문화로 발
달시켰다는 거예요. 물은 꽃꽂이와 분재를 풍경 삼아 마시는
차*로 승화해, '마시는 자연'으로 방 안에 들였다는 거고요.
설득력 있는 해석이자 상상이에요.

이러한 일본인의 축소지향성을 또 다른 방식으로 보여주

©시티호퍼스

는 레스토랑이 있어요. 바로 교토에 있는 '류노히게 바이 미타테Ryu no hige by MITATE, 이하 류노히게'예요. 이곳에서는 줄이고, 생략하고, 축약하는 빼기의 미학으로 테이블 위에 교토라는 도시를 펼쳐내요. 식사를 하면서 교토 여행을 떠날 수 있게 해주는 거예요. 그렇다면 류노히게는 어떻게 교토를 축소해 테이블 위에다 구현했을까요?

#1. 식탁 위에서 교토 여행을 떠나는 방법

류노히게는 교토 요리와 프렌치 요리를 퓨전한 레스토랑이에요. 오너 셰프인 코지 미타테는 교토에서 나고 자란 요리

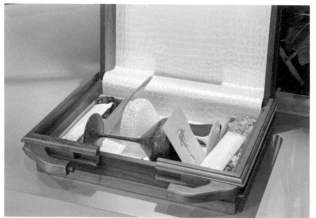

©시티호퍼스

사죠. 전통적인 교토 요리에 독창성을 더하고 싶었던 그는 프렌치 요리를 독학으로 공부했어요. 둘을 섞으면 교토 요리만으로는 표현할 수 없는 새로운 장르를 선보일 수 있을 거라 생각했거든요. 그걸로도 부족해 미타테는 요리에다가 '교토 여행'이라는 세계관을 요리에 담고 싶었어요.

이런 생각을 바탕으로 2022년에 오픈한 이 레스토랑, 뭔가 엉뚱해요. 고급 레스토랑인데도 불구하고 테이블에 포크, 나이프 등의 식기류를 세팅해주지 않아요. 대신 테이블에 앉으면 나무로 만든, 수상해 보이는 가방을 하나 건네주죠. 이 가방을 열면 코스 요리에 대한 설명서과 함께 식기와

와인잔 등이 들어 있어요. 그걸 꺼내서 테이블에다가 스스로 세팅을 하면 되는 거예요.

그렇다면 류노히게에서는 왜 이렇게 불편한 방식으로 식사를 시작하는 걸까요? 이 레스토랑의 컨셉이 '테이블에서 떠나는 교토 여행'이기 때문이에요. 식기류가 담겨있는 가방은 여행 가방을 은유한 트래블 박스이고요. 이 가방을 여는 순간부터 교토 여행이 시작되죠. 결과적으로 테이블에 식기류가 준비되는 건 동일한데, 이렇게 하니 새로운 의미와 재미가 생겼어요.

준비물도 챙겼으니 이제 여행을 할 차례예요. 테이블에

앉아서 떠나는 목적지는 매달 바뀌어요. 계절의 아름다움과 제철 재료를 담기 위함이에요. 봄에는 만개한 벚꽃을 볼 수 있는 교토의 명소로, 초여름에는 비에 촉촉이 젖은 숲으로 떠나는 식이죠. 그렇다고 교토의 명소와 풍경을 정적으로만 펼쳐놓는 건 아니에요. 여행지에서 체험할 수 있는 액티비티까지 표현하거든요. 장면이 아니라 움직임을 어떻게 그릇에 담느냐고요?

코스의 첫 요리는 초여름, 햇살이 비치는 단풍나무 숲길을 걷는 부시워킹Bushwalking이에요. 상자와 함께 제공된 종이에는 '나뭇가지 사이에 숨겨둔 숟가락을 찾아보세요.'라는 메세지가 쓰여있죠. 셰프의 의도에 따라 나뭇가지 사이로 손가락을 넣어 헤집다 보면 숲속을 걷는 부시워킹의 감각이 떠올라요. 이처럼 숟가락을 숨겨두는 장치 하나로도 액티비티를 체험하는 기분을 느낄 수 있어요.

교토의 풍경을 담는 방식도 남달라요. 그릇 위에 시공간을 압축적으로 표현하거든요. 마지막 메뉴는 여름밤 반딧불이 날아다니는 숲속 개울가를 담은 요리인데요. 이 풍경을 표현하기 위해 필요한 소재는 몇 개일까요? 딱 4개예요. 검정색 그릇은 밤을, 슈가 파우더는 개울을, 노란색 소스는 반딧불을, 말차 초콜릿과 단풍잎은 숲을 상징해요. 마치 그릇

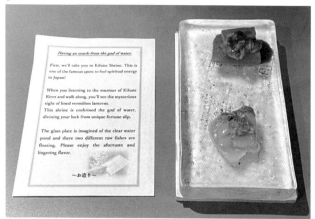

Having an oracle from the god of water.

First, we'll take you to Kifune Shrine. This is one of the famous spots to feel spiritual energy in Japan!

When you listening to the murmur of Kifune River and walk along, you'll see the mysterious sight of lined vermilion lanterns.
This shrine is enshrined the god of water, divining your luck from unique fortune slip.

The glass plate is imagined of the clear water pond and there two different raw fishes are floating. Please enjoy the aftertaste and lingering flavor.

~お造り~

©시티호퍼스

위에 음식으로 구현한 가레산스이 같아요. 요리로 표현한 이곳은 세계문화유산으로 지정된 시모가모 신사예요. 6월이 되면 경내의 타다스의 숲에서 반딧불을 방생하는 전통 행사가 열리는데, 그 장면을 재현한 거예요.

생략하고 축약해서 새로움을 더하는 패턴은 고객 커뮤니케이션에서도 반복돼요. 류노히게의 런치 코스는 7개로 구성되어 있는데요. 보통의 고급 레스토랑에서는 메뉴가 바뀔 때마다 셰프나 직원이 직접 요리에 대해 설명해줘요. 그런데 류노히게에서는 이 과정을 생략해요. 대신 다음 코스로 넘어갈 때마다 편지 같은 종이를 건네주죠. 거기애는 목

적지뿐만 아니라 장소에 대한 배경 지식, 먹는 방법, 식재료 정보까지 적혀 있어요. 편지를 쓰듯 스토리텔링을 했더니 미식 여행에 낭만이 더해졌어요. 앞서 설명했던 타다스 숲에 대한 설명을 볼까요?

〈빛나는 반딧불과의 환상적인 다과회〉

우리의 마지막 목적지 시모가모 신사의 타다스 숲입니다. 매년 6월, 시모가모 신사는 '반딧불 다과회'를 열어요. 밤이면 개울가 위를 나는 최대 600마리의 반딧불을 볼 수 있답니다.

구아바와 홍차로 만든 케이크를 즐겨주세요. 음료도 선택하시고요.

커피, 홍차, 오렌지 주스, 카페 라테, 카푸치노, 에스프레소 중 무엇을 고르시겠어요?

- 디저트 코스 소개 중

첫 번째와 마지막 요리만 보면 아쉬울 수 있으니 코스의 중간에 나오는 요리도 소개할게요. 런치 코스의 네 번째 순서는 '핫슨'이에요. 핫슨은 '여덟 마디'라는 뜻인데, 한 마디는 약 3cm예요. 그러니 지름이 24cm 가량인 접시에 여러 가지 메뉴를 담아낸 요리죠. 계절감이 집약되어 있어 가이세키 코스의 백미라 불려요. 이렇게 셰프가 가장 공들인 플레이트의 설명은 특별히 종이접기인 '오리가미'로 해요. 종이접기를 풀어보는 무언의 시간은 요리를 더 기대하게 만들죠. 그런데 형형색색의 꽃들이 테두리를 둘러싸고 있는 이 요리는 어느 곳을 묘사한 걸까요?

이번 요리의 목적지는 요코쿠지 사찰이에요. 물에 꽃을 띄운 장식인 '하나초즈'의 발상지죠. 그렇다면 요코쿠지는 어쩌다 하나초즈를 선보이게 됐을까요? 일본에는 신사에서 물로 손과 입을 씻는 초즈라는 풍습이 있어요. 그런데 코로나

19 팬데믹 때 바이러스 감염 방지를 위해 일본 전역의 신사에서 초즈를 중지했죠. 요코쿠지는 초즈를 하던 곳을 그냥 두자니 허전해 보여서 여기에 꽃 장식을 하기 시작했어요. 이 장식이 온라인에서 입소문을 탔고, 하나초즈는 전국에서 사랑받는 플라워 아트가 됐죠. 여행지의 배경을 알고 나니 요리가 더 아름답게 다가와요. 맛은 말할 것도 없고요.

#2. 초콜릿에 자연을 담아내는 방법

류노히게에서 여행이라는 컨셉을 통해 궁극적으로 전하려는 메시지는 무엇일까요? 바로 '자연이 주는 축복'이에요. 이

는 브랜드 로고에서도 확인할 수 있어요. 로고를 보면 사람의 손으로 산과 나무, 달과 해와 별 그리고 하늘에서 땅으로 떨어지는 물방울을 감싸고 있는데요. 자연을 소중히 대하면서 손으로 재창조하려는 의지가 엿보이죠.

그런데 류노히게 매장 바로 옆에는 똑같은 로고를 사용하는 디저트 매장 '아마나 바이 미타테^{AMANA by MITATE, 이하 아마나}'가 있어요. 미타테라는 이름을 보니 같은 셰프가 운영하는 매장이에요. 이 매장은 류노히게로 들어가는 입구에 위치해 있어, 레스토랑을 방문하는 고객이라면 들어갈 때 한 번, 나올 때 한 번씩 최소 두 번 지나갈 수밖에 없어요. 마치 류

©아마나 바이 미타테

노히게가 제안하는 미식 여행의 시작과 끝을 담당하고 있는 것 같아요. 그렇다면 미타테가 전개하는 디저트 브랜드는 어떤 특징이 있는 걸까요?

아마나의 매장 디스플레이는 간결해요. 군더더기 하나 없죠. 이곳에 물방울 모양의 초콜릿이 진열되어 있는데요. 색만 다를 뿐 모양도, 크기도 다 똑같아요. 그렇다면 동일한 디자인의 초콜릿으로 무엇을 표현하려고 했을까요? 미타테는 아마나를 통해 '자연의 은혜를 먹는 기쁨'을 알려주고 싶었어요. 그리고 그 수단으로 앞서 로고에서 봤던 물방울을 선택했죠. 물방울은 프리즘처럼 빛의 모든 색을 머금을 수

있으니, 자연의 빛깔을 담기 위한 최적의 모티브인 거예요. 소재의 형태가 아니라 속성에 주목한 그는 물방울에 자연의 정수를 담기로 했어요.

우선 자연이라는 대주제를 쪼갰어요. '태양과 달의 물방울', '대지의 물방울', '숲의 물방울'처럼요. 그러고는 각 시리즈에 어울리는 초콜릿 제품을 만들었어요. '태양과 달의 물방울' 시리즈는 낮과 밤의 기온차 덕분에 더 맛있어진 찻잎이 주인공이에요. '대지의 물방울' 시리즈에서는 발렌시아산 오렌지, 아오모리현의 사과, 미노오시의 유자 등 각 토지의 기운과 정취를 품은 과일을 사용했고요. 한편 '숲의 물방울'

은 밤처럼 숲과 계곡에서 익어가는 열매가 주재료예요. 어떤 재료를 사용하느냐에 따라 초콜릿의 색이 다채로워지죠.

그리고 각 시리즈의 물방울이 머금은 다채로운 자연의 색은 매장 진열대 위에서 빛나요. 같은 모양, 같은 크기의 디저트를 일렬로 늘어놓으니 초콜릿들이 색의 그라데이션을 이루어 색감이 더 강조되거든요. 물방울 모양의 초콜릿에 자연의 반짝거림을 담겠다는 의도를 아마나만의 관점으로 재해석해서 선보인 거예요. 초콜릿 크기와 모양은 상수로, 색깔은 변수로 만들어 브랜드의 핵심 가치를 간결하게 전달하고 있기도 하고요.

아마나의 또 다른 디저트 라인은 '상자 정원'인데요. 커피 푸딩, 녹차 초콜릿, 녹차 앙금, 코코아 쿠키로 만든 이끼 테라리움이에요. 참고로 테라리움은 테라Terra, 땅와 아리움Arium, 공간의 합성어로, 유리 용기 안에 흙과 식물로 꾸민 작은 자연을 의미해요. 이 상자 정원 디저트는 용기를 제외한 모든 구성 요소를 먹을 수 있어요. 자연을 축소해, 아마나가 추구하는 자연의 은혜를 통째로 먹는 듯한 기쁨을 전해주는 디저트죠. 물방울 초콜릿이건 상자 정원이건 브랜드가 추구하는 가치를 놓치지 않는 거예요.

#3. 와인을 향기와 페어링 하는 방법

미타테는 이렇게 줄이고, 생략하고, 축약하며 교토의 풍경과 자연을 음식과 디저트에 구현하고 있어요. 그런데 그는 여기서 그치지 않고 한 걸음 더 나아가요. 교토의 아라시야마 지역에서 운영하는 또 다른 레스토랑 '아라시야마 미타테'에서 자연을 진짜 물방울 안에 담거든요. 와인 페어링을 통해서요.

아라시야마 미타테는 기발한 방식으로 와인 페어링을 시도했어요. 맛이 아니라 향기로 페어링을 제안하는 거예요. 라벤더, 장미, 레몬, 산초 등 자연의 재료를 증류시켜 맛은 쏙 빼고 향만 머금은 액체를 추출한 후, 와인에 몇 방울 떨어뜨리는 식이에요. 추출액은 맛이 나지 않아 와인에 섞이더라도 본래의 맛을 해치지 않아요. 향으로 풍성함만을 더해주죠. 이렇게 페어링하면 똑같은 와인을 마시더라도 잔마다 서로 다른 향이 나는 와인을 마실 수 있어요.

향기 페어링 코스는 와인뿐만 아니라 차에도 적용할 수 있어요. 만약 홍차를 선택하면 요리가 나올 때마다 새로운 잔에 홍차를 담아 그 안에 천연 향료를 떨어뜨려줘요. 향료의 종류는 레몬, 라벤더, 월계수, 계피, 팔각, 커피까지 6종이죠. 같은 차를 마시면서도 다양한 변주를 즐길 수 있는 건 자연을 '한 방울'의 크기로 응축한 덕분이에요. 여기서도 줄이고, 생략하고, 축약해서 재창조하는 미타테의 주특기가 빛을 발해요.

한편, 가루로 접시 위에서 꽃이 피는 순간을 보여주기도 해요. 마술도 아니고 가루로 어떻게 꽃을 피우냐고요? 서로 다른 색의 슈가 파우더를 미리 깔아두고, 스프레이를 뿌리면 꽃의 색이 살아나요. 진짜 꽃잎 없이 꽃이 피는 순간을 표현한 거예요. 이처럼 자연의 축복을 중요시하는 미타테는 계절마다 다른 풍경을 그릇 안에 숨겨둬요. 때로는 '새해 복 많이 받으세요.' 등 셰프가 전하고 싶은 메시지를 적어두기도 하죠. 마치 영화 속에 숨겨둔 이스터 에그[1]처럼요.

그뿐 아니에요. 2020년에 아라시야마 미타테에서 '오세치'를 출시했는데요. 오세치는 새해를 기념하며 먹는 일본의 명절 음식이에요. 한 해의 행복을 기원하는 음식인 만큼 비주얼이 화려하고 의미가 남다르죠. 아라시야마 미타테는 새해 맞이로 먹는 오세치 디저트를 선보이면서 교토의 거리를 축약해 담기로 했어요. 다만 음식이 아니라 상자에다가 표현했죠.

방법은 간단해요. 아라시야마 미타테는 25개의 구획으로 나누어진 상자에다가 오세치 디저트를 올렸어요. 그냥 칸

---

1 제작자가 책·영화 등에 의도적으로 숨겨놓은 메시지를 말해요.

을 반듯하게 구분해 놓은 상자처럼 보이지만, 이 상자로 교토가 일본의 수도로 자리 잡던 8세기 말의 거리를 상징했죠. 당시에 중국 당나라의 수도인 장안성을 벤치마킹해 교토를 계획도시로 설계했는데요. 지도를 보면 그 모습이 바둑판처럼 잘서정연했거든요. 랜드마크 하나 없이 도시를 은유한 셈이에요. 이처럼 아라시야마 미타테는 물방울, 가루, 상자에다가 있는 듯 없는 듯 도시의 풍경과 자연을 담아내면서, 응축의 기술을 정점으로 끌어올렸어요.

응축할수록 본질이 빛나는 '빼기의 미학'

류노히게, 아마나, 아라시야마 미타테 등 미타테가 전개하는 브랜드에는 한 가지 공통점이 있어요. 매장 인테리어, 제품 기획, 디스플레이, 서비스 등 모든 것을 간결하게, 집약해서, 함축적으로 표현한다는 거예요. 부차적인 것들을 없애고 에센스만 남겨놓아 전달력의 순도가 올라가죠. '빼기의 미학'이에요. 하지만 빼기의 미학을 완성하려면 충분 조건이 필요해요. 이쯤에서 서두에 설명했던 가레산스이를 이해하기 위한 핵심을 다시 짚어볼게요.

'돌을 보지 말고, 돌을 놓은 짜임새를 보라.'

그렇다면 가레산스이에서 돌을 놓은 짜임새를 보면 정원이 보일까요? 물론 돌을 볼 때보다는 자연 풍경을 더 잘 그려볼 수 있을 거예요. 하지만 모두가 서로 다른 자연 풍경을 떠올리겠죠. 가레산스이를 만든이가 생략한 강, 바다, 나무 등의 이미지는 보는이가 스스로 채워야 하니까요. 그래서 덜어내고 응축할수록 본질이 살아나는 빼기의 미학은 상상력을 만날 때 더 빛나요. 상상력이 충분 조건인 셈이죠.

가레산스이에서 '돌은 돌이고 모래는 모래다.'라고 하면 아무 풍경도 볼 수 없어요. 마찬가지로 미타테가 운영하는 3곳의 매장에서도 음식을 있는 그대로만 바라보면 그의 기획 의도와 독창성이 반감될 수밖에요. 반대로 상상력이 풍부하다면 교토 어느 곳에서도 볼 수 없는 교토를 마주할 수 있을 거고요. 미타테가 추구하는 빼기의 미학을 경험하러 갈 때 상상력을 챙겨가야 하는 이유예요.

쿠라다이 미소

된장도 블렌딩 되나요?
요즘 입맛을 사로잡은 미소 천사

경영
철학

컨셉
기획

사업
전략

수익
모델

브랜딩
마케팅

고객
경험

디자인

©시티호퍼스

蔵 代 味 噌

김치, 요구르트, 치즈, 술, 된장, 간장, 낫토, 가쓰오부시.

이 음식들의 공통점은 뭘까요? 바로 발효 식품이라는 거예요. 누룩균, 호모균 등 공기 중에 맴도는 미생물의 작용으로 만들어진 음식이죠. 발효식은 인간이 지구상에 살기 시작한 때부터 존재했어요. 발효를 하면 각종 부패균의 증식이 억제돼 식품을 오랫동안 저장할 수 있게 되는데, 정착 생활을 시작한 인류가 채취한 작물을 장기간 먹기 위해 고민하다 발견해냈어요. 그래서 발효식은 지혜의 산물이라고도 불려요.

일본을 대표하는 발효식은 미소예요. 우리나라의 된장과 유사하지만 들어가는 재료와 발효 기간에 차이가 있어요. 그래서 짭조름하고 감칠맛이 깊은 한국 된장에 비해 일본 미소는 맑고 부드러운 느낌이 강해요. 미소가 일본인의 식탁에 오른 지 어언 1천년. 오래된 역사만큼이나 친숙한 음식이 되었고, 풍부한 영양분 덕에 일본의 5대 건강식으로도 꼽히죠.

그럼에도 미소의 소비량은 급감했어요. 세계화 시대에

식생활이 다양해졌으니 당연한 결과 같지만, 감소 폭이 커도 너무 커요. 40년 전 대비 절반 수준에도 못 미치니까요. 1979년 일본의 가구당 미소 연간 소비량은 12.7kg였는데 2016년엔 5.3kg까지 떨어졌어요. 그런데 최근 미소를 포함한 발효 식품 업계에 다시 순풍이 불었어요. 코로나19 팬데믹 때문에 면역력을 높여주는 발효 식품에 대한 관심이 증폭된 거죠. 일본에선 '발효 식품 붐'이라는 용어가 핫 키워드로 떠올랐을 정도예요.

시장 상황이 이러하니 업계가 움직이기 시작했어요. 대표적인 예가 무인양품⊕이에요. 무인양품은 '누카도코' 제품을 출시했는데요. 누카도코란 쌀겨와 소금으로 만든 일본 전통 발효식을 말해요. 여기에 채소를 묻혀 먹으면 채소 절임 요리인 '누카즈케'가 되고요. 출시 시점은 2018년이지만 공교롭게도 코로나19 팬데믹이 닥치면서 덩달아 인기가 솟았어요. 매장에 진열되자마자 매진이 속출했죠.

미소와는 전혀 상관없는 무인양품이 누카도코를 판매할 수 있었던 데는 파트너가 있었어요. 교토에 거점을 둔 양조 미소 전문점 '쿠라다이 미소'예요. 그런데 한 가지 의문이 생겨요. 무인양품이 누카도코를 출시한 건 2018년, 쿠라다이 미소가 매장을 연 것도 2018년이에요. 알려지기 전부터 이미

⊕ TOKYO
이것으로 충분한 무인양품이 다시 슈퍼마켓을 시작하는 이유
무인양품

무인양품이 쿠라다이 미소를 알고 있었다는 거죠. 신출내기가 아니라는 뜻이에요. 그렇다면 무인양품이 일찌감치 파트너로 점찍은, 교토에 위치한 이 작은 미소 브랜드의 정체는 뭘까요?

1000년의 미소를 당신의 라이프스타일에

쿠라다이 미소를 운영하는 쓰치야 유조의 집안은 대대로 미소 사업을 했어요. 할아버지는 미소를 만들어 파는 상인이었죠. 하지만 전쟁이 끊이지 않았던 쇼와 시대[1926~1988년] 때 공습을 당해 공장도 판매점도 무너졌어요. 이후 살아남기 위해 새롭게 미소 도매상으로 장사를 재개했고요. 할아버지부터 쓰치야 유조까지, 삼대는 지방 곳곳에 남아 있는 미소 양조장을 찾아 도매로 판매를 했어요. 참고로 일본에선 미소의 맛과 종류가 지역마다 다른데요. 이 지역색은 일본 미소의 중요한 특징 중 하나예요.

아버지의 일을 물려받은 1974년생 쓰치야 유조는 과거와 상황이 많이 달라졌다는 걸 느꼈어요. 해가 갈수록 양조장의 수가 눈에 띄게 줄어들고 있었죠. 그에게 미소가 사라진다는 것은 일본의 지역 음식 문화가 사라지는 것과 같았어요. 그래서 그는 미소를 잃어가고 있는 미소 양조장들에게 다시 미소를 안겨줄 수 있는 구원투수가 되기로 자처했어요. 그러고는 2018년에 교토에다가 쿠라다이 미소를 열었죠. 왜 교토였냐면요, 1000년 전 일본에서 미소 가게가 처음 시작된 곳이 교토로 알려져 있거든요.

'당신의 라이프스타일에 1000년의 미소를 선사한다.'

미소를 다시 식탁에 올리겠다는 포부를 안은 쿠라다이 미소의 모토예요. 이곳에서는 북쪽으로는 홋카이도, 남쪽으로는 가고시마까지 전국 각지에서 엄선한 32종의 미소를 페이스트 형태로 판매하는데요. 언뜻 보면 31가지 즐거움을 파는 아이스크림 가게 같아요. 그렇지만 단순히 전통이 살아 있는 다양한 미소를 소개하는 것만으로 서구화된 사람들의 구미를 당기지는 못하겠죠? 그래서 쿠라다이 미소는 다양한 시도로 미소의 종류와 가능성을 넓히기 시작해요.

미소의 캐릭터를 상냥하게 소개한다

미소의 색깔은 다 거기서 거기인 거 같지만 자세히 보면 달라요. 어두운 갈색부터 회갈색, 적색, 밝은 갈색, 노란빛까지 디테일하게 갈라지죠. 쿠라다이 미소는 먼저 취급하는 30종 이상의 미소를 이렇게 색깔로 구분해둬요. 그리고 색깔만 보고 미소의 특징을 알 수 있는 사람은 사실상 없으니 미소 각각에 대한 정보를 적어놓는데요. 그냥 줄글로 된 단조로운 형태가 아니에요.

축구 게임을 보면 선수의 능력치를 보여주는 육각형 다이어그램이 나오잖아요. 쿠라다이 미소도 비슷하게 미소를 하나의 캐릭터처럼 여겨요. 그리고 미소를 이루는 요소를 '생산지, 염도, 누룩 비율, 주원료, 매운 맛과 단맛의 정도' 등 5가지 기준으로 나누어 친절히 설명하죠. 우선 미소의 생산지를 밝히는 것은 필수예요. 이때 지역 양조장에서 공수해

©쿠라다이 미소

온 것 말고 쿠라다이 미소가 직접 담근 미소에는 '쿠라다이 오리지널'이라는 라벨을 달고요.

누룩 첨가는 다소 생소할 수 있어요. 우리나라에서 된장을 만들 땐 누룩이 필요하지 않거든요. 콩을 발효시켜 메주를 만들고 그 메주에 물, 소금 외 다른 곡물은 넣지 않은 채 최소 6개월 이상 오래 재워두기 때문이죠. 거의 100% 콩으로만 만들어지는 셈이에요. 반면 일본의 미소는 콩과 함께 밀, 쌀, 보리 등 누룩을 첨가해 만들어요. 또한 일본은 온도와 습도가 상대적으로 높아 발효를 길게 하면 원하지 않는 발효, 즉 부패가 일어나요. 그래서 대부분 발효 숙성 기간은 한 달 이내로 우리에 비해 짧은 편이에요.

이렇게 지역마다 미소에 들어가는 누룩이 다르므로, 쿠라다이 미소는 이 누룩의 원료가 되는 곡물도 함께 표시해요. 그리고 어떤 경우엔 '보리는 카가와산, 밀은 에히메산, 쌀은 교토산'처럼 각 원료의 생산지까지 적어둬요. 주원료가 다른 만큼 맛에도 차이가 있겠죠? 그래서 쿠라다이 미소는 '짠, 적당히 짠, 단, 적당히 단'이라는 네 가지 분류로 맛을 표시하고 있어요.

5가지가 필수 표기 정보라면, 옵션으로 표기하는 정보도 있어요. 한 달 이상의 장기 숙성한 미소에는 '빈티지' 정보를 표시해 두죠. 미소의 숙성은 한 달 안으로 끝나는 게 보통이지만, 특성에 따라 한 달 이상의 숙성이 필요한 것들도 있거든요. 짧게는 12개월, 길게는 2년 동안 숙성시킨 미소도 있어요. 그런데 만약 이런 정보들에도 뭐가 뭔지 잘 모르겠다면 어떡할까요? 쿠라다이 미소는 더 직관적인 정보를 원하는 분들을 위해 각 미소에 부제를 달았어요. 이렇게 하니 주원료, 향미, 식감까지 쉽게 이해할 수 있어요. 예를 들면 이런 식이에요.

담백하게 마시기 쉬운 미소.
2년 이상 천연으로 숙성시킨 농후한 맛의 콩미소.
야채와 먹어도, 된장국으로 해 먹어도 일품인 만능 미소.
콩의 감칠맛에 흰미소의 단맛을 합친 미소.
콩알이 남아 있는 희귀한 빈티지 미소.

그래도 잘 모르겠다고요? 이런 분들을 위해 매장에는 전문가가 있어요. 미소 스페셜리스트라고 불리는, 쿠라다이 미소의 독자적인 미소 연수 프로그램을 통과한 사람들이에요. 이들은 스페셜리스트라는 이름표를 달고 일하고 있어요. 매장에 진열해둔 미소의 역사와 제조법 등에 대한 전문 지식을 가지고 있죠. 손님들의 궁금증에 대해 설명해주는 것은 물론이고요.

쿠라다이 미소를 보면 거기서 거기일 거라 생각했던 미소가 달리 보여요. 이 지역이랑 저 지역이랑, 적미소랑 흰미소랑은 어떻게 다른지 한번 찍어 먹어보고 싶죠. 그렇지만 여전히 미소와 가까워지기에는 뭔가 부족한 느낌이에요. 요즘처럼 먹을거리가 즐길 거리가 된 시대에 서구화된 사람들의 입맛을 미소만으로 사로잡을 수 있을까요? 그래서 쿠라다이 미소는 미소라는 본질에 맞춤화와 모던이라는 새 옷을 입혔어요.

나만의 미소를 찾는 방법, 미소 블렌딩

쿠라다이 미소의 모토는 두 가지 축으로 이뤄져 있어요. '당신의 라이프스타일에 1000년의 미소를 선사한다'가 한 축이라면, '당신만의 미소를 찾으세요'가 또 다른 한 축이에요. 앞서 매장에는 전문 지식을 섭렵한 스페셜리스트가 있다고 말씀드렸죠? 그들이 손님의 취향에 꼭 맞는 미소를 만들어주는 서비스가 '여기가 미소'예요. 맞춤화를 위해 처음부터 미소를 담그는 게 아니라, 이미 완성된 미소를 섞는 방식으로 적합한 미소를 찾아주죠.

　'여기가 미소'를 예약하면, 약 1시간 동안 스페셜리스트가 테이스팅과 블렌딩을 거쳐 각자에게 꼭 맞는 맞춤형 미소를 만들어줘요. 이처럼 블렌딩을 하면 쿠라다이 미소의 자체 상품이 되기도 해요. 몇 가지 미소를 섞어 수시로 새로운 '쿠라다이 오리지널' 미소를 제안하는 거죠. 그래서 생산지에 구분에 따른 미소는 32종이지만, 쿠라다이 미소가 취급하는 전체 미소는 블렌딩을 통해 무한대로 변주돼요.

　'여기가 미소'와 '쿠라다이 오리지널'은 미소의 종류를 수평적으로 넓히는 방식이에요. 미소를 섞어 또 다른 미소를 만드는 거니까요. 반면 식품으로서 미소의 가능성을 수직적으로 확장하는 방식도 있어요. 다양한 종류의 사이드 상품군으로 개발하는 거죠. 그런데 상품군을 보다보면 하나 같이 '여기에 미소가?'라는 의아함이 생겨요. 장국만으로 끝나지 않는, 의외의 조합이 펼쳐져 있거든요.

예를 들어 볼게요. '우엉 씨'라는 상품은 계란말이나 어묵에 섞어 주먹밥으로 먹기 좋게 특제한 미소 소스예요. 우엉의 식감을 남기면서 가열하면 미소의 단맛이 확 올라오죠. '카레 씨'는 밥에 얹거나 빵에 넣거나 카레 우동에 뿌리거나 할 수 있는 미소 소스예요. 우엉 씨든 카레 씨든, 원래 용도를 떠나 어울릴 것 같지 않은 이탈리안 음식의 소스로 먹어도 제격이에요. 재밌는 건 상품 뒤에 '~씨^{さん, さん}'라는 존칭어를 붙인 것인데요. 상품에 대한 쿠라다이 미소의 애착이 두드러지는 대목이에요. 그 외에도 떡이나 두부 등과 함께 먹을 수 있는 미소, 미소로 만든 감주, 미소를 첨가한 러스크, 미소를 사용한 생강구이 튀김, 샐러드 드레싱으로 먹을 수 있는 유자 미소까지. 반찬류와 스낵류를 넘나들어요.

또한 부드러운 단맛이 특징인 흰미소는 교토를 상징하는 미소인데요. '설탕 대신에 핫케이크나 크림 스튜에 넣어 먹으면 폭신하고 부드러운 식감이 느껴진다'고 스페셜리스트가 귀띔하죠. 미소의 종류만큼이나 식품 자체로서 미소의 가능

©쿠라다이 미소

성도 무한대로 변주되는 셈이에요. 미소가 전통적이라서 끌리지 않았다면, 미소의 본질을 해치지 않으면서 스낵, 양식 등과 조화를 이룬 사이드 제품을 경험해보면 돼요. 이것 또한 쿠라다이 미소가 제안하는 미소를 즐기는 방법이니까요.

미소의 스펙트럼이 빚어낸 미소 가게의 감각

쿠라다이 미소의 매장은 교토에 딱 한 곳 있어요. 가라스마 오이케 역세권에 위치해 있는데요. 교토의 번화가 산조 거리와 니시키코지 거리 한가운데죠. 기념품 숍이 여럿 있고 교토의 특색 있는 매장들이 모여 있어 오다가다 한 번쯤 들러

보기 좋은 자리예요. 미소에 새 옷을 입힌 것처럼 매장에도 변화를 줬어요. 전통적인 이미지를 내세우지 않고, 오히려 화이트 앤 우드로 매장을 세련되게 디자인했거든요. 하지만 동시에 은근하게 미소를 연상시키는 요소를 녹여냈어요.

먼저 길쭉하게 뻗은 공간을 3개의 존으로 분할했어요. 안쪽부터 주방 존, 테이스팅 존 그리고 판매 존이에요. 스페셜리스트와 한 시간가량을 보내는 테이스팅 존에선 천장을 살짝 낮춰 공간에 안정감을 줬어요. 판매존의 천장은 미소 곳간을 형상화한 맞배지붕으로 구현했어요. 참고로 쿠라다이 미소에서 '쿠라'는 곳간이라는 뜻이에요. 이 곳간이라는 모티브가 매장 디자인과 로고 디자인에 반영됐죠.

이 판매존에는 30종이 넘는 다양한 미소 페이스트가 개별적으로 냉장고 안에 들어가 있어요. 언뜻 보기에 31가지 맛 아이스크림 가게를 고급 젤라또 숍으로 업그레이드시킨 느낌이에요. 아이스크림 가게와 다른 점이 있다면 달콤한 향 대신 구수한 냄새가 매장 가득 퍼진다는 정도랄까요. 미소의 색깔은 똑같은 갈색이 아니라, 갈색 스펙트럼을 주욱 펼쳐놓은 것처럼 서로 다른 빛을 띠고요.

이렇게 다채로운 미소를 조금씩 맛볼 수 있도록 300g 용기에 담아 소량으로 판매해요. 가격은 480엔^{약 4,800원}부터

840엔 사이^{약 8,400원}. 31가지 맛 아이스크림 가게에서 판매하는 300g 용기의 아이스크림보다 저렴한 가격대예요. 좀 더 큰 사이즈인 500g짜리도 있는데요. 이 경우엔 800엔^{약 8천원}부터 1,400엔^{약 1만 4천원} 수준이죠. 2개입 및 7개입짜리 선물 세트도 최대 5,000엔^{약 5만원} 정도로 비싸지 않고요.

그렇다면 누가 이 매장을 찾을까요? 웹매거진 〈디지스타일 교토〉의 조사에 따르면 고객은 30~50대 주부층이 압도적으로 많았어요. 구매 주기는 빠르면 한 달에 한 번, 대부분은 반년에서 1년마다 한 번쯤이에요. 최근에는 20~30대 남성 고객이 급증했는데요. 매운 미소보다는 단맛의 미소를 선택하는 경우가 대부분이에요. 미소의 현대화를 위한 쿠라다이 미소의 노력이 일부 통했다고 볼 수 있겠죠?

쇼케이스에 30여 종의 미소를 진열해 판매의 목적은 잊지 않으면서도, 전문가의 손길로 개인화된 미소를 만드는 공간을 구성하고, 거기에 미소의 전통적 이미지를 촌스럽지 않게 녹여낸 쿠라다이 미소. 미소에 대한 진심도, 공간 구성도 숙성된 셈이에요. 하지만 여전히 비즈니스에 대한 의문이 속 시원히 풀리지 않아요. 이렇게 작은 매장 하나에다가, 자체 온라인 몰만 운영하면서 미소 시장에 큰 영향을 미치기는 어려우니까요.

1000년 된 미소를 키워가는 갈색 찬란한 꿈

앞서 쓰치야 유조의 할아버지는 과거 쇼와 시대 때 사업을 미소 도매로 전환했다고 설명했어요. 사실 이 기업은 발효 식품업계에서 오랜 역사와 자본력을 가진 '자포닉스'예요. 현재는 쓰치야 유조가 사장을 하고 있죠. 식품 기획, 개발, 도매, 유통, 운수까지 다양한 하위 그룹을 운영하는데요. 고객사는 2,500개 이상이고, 규모는 2015년에 이미 74억엔약 740억원대를 넘어섰어요.

다루는 식품 종류는 다양하지만 자포닉스의 뿌리는 미소예요. 처음부터 미소로 시작해 미소로 일어선 기업이었으니까요. 그래서 자포닉스는 미소 사업을 슈퍼나 백화점, 레스토랑 등에 도매로 판매하는 일에만 국한하지 않아요. 미소를 발굴하고 재해석해 인기 제품으로 키워나가는 일을 하고 있죠. 구체적으로 어떻게 하고 있냐면요. 지역에서 인정받는 중소규모 식자재 생산자와 협력해요. 규모가 작아 전국 판매 단위의 노하우를 갖고 있지 않은, 판매처 개척이라는 과제를 안은 곳들이에요. 이들의 식재료를 '팔리는 상품'으로 제안하는 거예요. 마치 쿠라다이 미소에서 하는 것처럼요.

'전국의 맛있는 미소를 식탁에 전하고 싶다'는 자포닉스의 소명은 비즈니스를 넘어, 사회적 활동으로도 이어져요. 먼저 40회째 개최 중인 박람회 '채식전'이에요. 180여 개 지방 제조업체와 소매점이 참여해, 각지의 개성 넘치는 발효 식품들을 제안하는, 그야말로 발효식 페스티벌이에요. 또한 미소가 사람들에게 더 알려질 기회가 필요하다고 생각해, 수십 개의 미소 양조장과 제휴한 간사이 미소 PR 위원회도 운영 중이에요.

이렇게 사회적 활동까지 신경 쓰는 쓰치야 유조는 '일상 생활은 미소 연구의 보고'라고 말할 만큼 미소에 진심이에요. 그래서일까요? 코로나19 팬데믹 때 불어온 발효 식품 붐을 타면서 미소를 공장에서 찍어내듯 생산하기보다, 여전히 꾸준하게 지역의 작은 미소 양조장들과 함께 시간과 정성을 들여 미소를 발효시키고 있어요. '우리, 맛있는 미소를 식탁에 오래오래 올려봅시다!'라는 갈색 찬란한 꿈을 안고서요.

07

굿 네이처 스테이션

참지 않아도 괜찮아,
'무해한 소비'를 하고 있다면

경영
철학 | 컨셉
기획 | 사업
전략 | 수익
모델 | 브랜딩
마케팅 | 고객
경험 | 디자인

©시티호퍼스

리조트를 개발하는 일이 환경을 보전하는 데에 도움이 될 수 있을까요? 대척점에 있던 '개발'과 '보전'이 양립의 방향으로 진화하고 있어요. 일본의 '게이한 홀딩스^{Keihan Holdings, 이하 게이한}'가 개발한 '환경 보전형 아웃도어 리조트'가 대표적이에요. 게이한은 교토 인근의 '오미 마이코'라는 지역에 고급 글램핑 리조트 '에버글레이즈 비와코^{Everglades Biwako, 이하 에버글레이즈}'를 열었어요. 게이한은 에버글레이즈에 머무르는 경험을 통해 자연이 가진 매력을 전하고, 환경에 대해 생각하는 기회를 마련하고자 했어요. 지속 가능성을 위해서죠. 그렇다면 사람과 자연이 공생하는 이곳, 에버글레이즈에는 어떤 풍경이 펼쳐져 있을까요?

에버글레이즈는 언뜻 보면 시설을 잘 갖춘 여느 글램핑장과 비슷한 모습이에요. 하지만 에버글레이즈가 위치한 오미 마이코의 자연환경에 대해 알고 나면, 에버글레이즈에서의 경험이 달라지죠. 오미 마이코는 앞에는 비와호, 뒤에는 히라 산맥의 기슭이 펼쳐지는 절경으로 유명한 곳이에요. 호수와 산 등 여러 종류의 환경이 있으니, 각 환경의 생태계를 잇는 전환 영역 또한 존재해요.

자연은 구역이 분할되어 있는 것이 아니라 자연스럽게 서로 연결되어 있는데요. 예를 들어 산과 호수 사이의 지역에서 산은 점점 평평해지고 나무나 풀의 수가 줄어들죠. 호수의 물도 얕게 시작해 점점 깊어지고요. 마치 그라데이션처럼요. 이처럼 서로 다른 특성을 가진 생태계 사이에 존재하는 구역을 '에코톤Ecotone'이라 불러요. 바로 오미 마이코가 전형적인 에코톤이에요.

그래서 게이한은 오미 마이코의 자연경관을 중심으로 리조트를 짓는 프로젝트인 '오미 마이코 톤스Omi Maiko Tones'를 시작했어요. 그중 하나로 에버글레이즈를 디자인하고, 에코톤으로서의 오미 마이코를 리조트 안에서도 즐길 수 있도록 한 거예요. 덕분에 에버글레이즈에서는 비와호에서 호숫가, 사토야마, 히라 산맥까지 이어지는 아름다운 풍경을 감상할 수 있어요. 여기에다가 오미 마이코의 다면적인 자연을 모티브로, 조경 전문가들이 모여 리조트에 심을 나무를 선정했죠. 히라야마 산의 화강암을 사용해 현지 석공의 손으로 석조물을 만들기도 했고요. 자연이 리조트의 일부가 되는 셈이죠.

게이한이 지은 에버글레이즈 리조트에서 자연과 함께하면서 힐링하고 싶다고요? 그렇다고 오미 마이코까지 갈 수 없다면, 교토에서 멈춰도 좋아요. 교토에도 게이한이 선보인 호텔, '굿 네이처 호텔Good Nature Hotel'이 있거든요.

도시인을 위한 '굿 네이처' 라이프스타일이란?

굿 네이처 호텔은 교토가와라마치 역 근처, 교토의 도심에 있어요. 자연과는 거리가 먼 곳이죠. 이곳에선 자연이 아니라 도시를 여행지로 택한 사람들 혹은 도시에서 사는 사람들에게 자연과 함께하는 라이프스타일을 제안해요. 이렇게 환경도, 타깃도 다르니 제안하는 문법 또한 달라져야 해요.

'사람과 자연 모두에게 좋은 것들'

'굿 네이처'에 담긴 의미예요. 여기에서의 포인트는 사람과 자연 모두에게 있어요. 굿 네이처의 세계관에서는 사람의 욕구를 희생하며 건강과 환경을 금욕적으로 대하는 것은 본질적인 행복과 거리가 있다고 생각해요. 요즘 사람들에게 필요한 것은 건강하고 좋은 것들을 즐거운 방식으로 소비하는 라이프스타일이라고 보죠. 그리고 도시인의 일상에 굿 네이

처를 더 가깝게 전하기 위해 호텔 건물에 마켓, 키친, 레스토랑, 카페 등의 시설들도 함께 운영하고 있어요. 호텔을 포함한 이 상업 시설의 이름이 '굿 네이처 스테이션'이에요. 그러고는 이러한 목표를 세웠죠.

'매일의 생활에, 굿 네이처를'

순환형 사회에 공헌하는 활동들을 즐겁고, 무리 없이, 매일의 생활에 도입해 나가자는 뜻이에요. 그래서 어깨의 힘을 빼고 자연스럽게 즐기는 모든 것이 곧 자연을 위한 것이 될

GOOD NATURE STATION

9F – 4F	GOOD NATURE HOTEL	RECEPTION & GALLERY 4F	Hyssop 4F		
3F	GOOD NATURE BEAUTY & CAFE	R BAO 3-1 11:30 - 19:00	NEMOHAMO 3-2 12:00 - 20:00	KA SO KE KI 3-3 10:00 - 20:00	
2F	GOOD NATURE GASTRONOMY	CAINOYA 2-1 Reservation only	BUONAGIO 2-2	TAKAYAMA 2-3 Reservation only	VELROSIER 2-4 Reservation only
1F	GOOD NATURE MARKET	MARKET 1-1	KITCHEN 1-2 11:00 - 20:00	EATIN SPACE 1-3	ERUTAN RESTAURANT / BAR 1-4

수 있도록 일상을 디자인하고 있어요. 여기에다가 굿 네이처
는 '몸, 마음, 공동체, 사회, 지구가 건강하고 행복해지는 것'
을 '5 Good'이라 정의하고 있는데요. 5 Good을 기준으로
'무해한 소비'를 제안하는 굿 네이처 스테이션으로 함께 떠나
볼까요?

#1. 굿 네이처 마켓 - 모두를 위한 자연스러운 식생활

굿 네이처 스테이션의 1~3층에는 각각 마켓, 가스트로노미,
뷰티 앤 카페가, 4층~9층까지는 굿 네이처 호텔이 자리하고
있어요. 물론 호텔 전용 엘리베이터가 있어서 호텔로 바로

©시티호퍼스

갈 수도 있지만, 메인 출입구는 1~3층을 지나는 에스컬레이터예요. 그래서 1층부터 하나씩 둘러보면서 호텔까지 올라가 볼게요. 1~2층의 굿 네이처 마켓과 가스트로노미는 '식생활Eat'을 중심에 둬요.

1층에 있는 굿 네이처 마켓에서는 여느 식료품점처럼 신선식품, 가정간편식HMR, 음료 등 각종 먹거리를 판매해요. 굿 네이처 스테이션의 기본 정신인 5 Good을 기준으로 제품을 큐레이션하는 것이 특징이죠. 식료품뿐만 아니라 '키친Kitchen'에서 간단한 식사 메뉴도 파는데요. 키친의 음식은 마켓에서 판매하는 교토의 제철 식재료를 사용하고, 식재료의

맛을 최대한 살리는 조리법으로 완성해요. 그리고 키친에서
결제한 식사는 마켓 안쪽에 마련된 식음 공간에서 먹고 갈
수 있고요.

키친에서는 자연의 맛을 최대한 살리는 것에 그치지 않
고 고객이나 생산자에게 새로운 가치를 창출하는 것을 목표
로 하고 있어요. 예를 들어 키친의 시그니처 메뉴인 '5 Good
샐러드'는 굿 네이처 스테이션 근처 두붓집에서 매일 버려지
는 200kg 이상의 두부 찌꺼기를 양념장으로 사용해요. 병
아리콩으로 만드는 중동 지역의 '후무스'를 모티브로 두부를
만들고 남은 재료에 두유와 향신료를 섞어 맛있는 소스로

재탄생시킨 거예요.

더 나아가 순환형 식료품을 생산하는 데에도 참여해요. 샐러드 소스를 만들고도 남은 비지를 포함해 각종 음식 폐기물을 퇴비화한 후, 거래하는 농가에 나눠줘요. 그리고 그곳에서 자란 채소와 쌀을 매입해 마켓에서 판매하거나 키친에서 사용하죠. 농가들은 비룟값을 아낄 수 있는 데다가 안정적인 판매처가 생기니 일석이조예요. 굿 네이처 마켓도 식품 폐기에 들어가는 비용을 줄이고, 양질의 유기농 식료품을 수급받을 수 있어 좋고요.

또한 굿 네이처 마켓에서는 '탈 플라스틱'을 위한 시도도 발견할 수 있어요. 플라스틱 포장재나 용기 대신 세련되면서도 환경친화적인 포장재를 사용하죠. 상품 포장에는 바이오 플라스틱 용기를, 테이블 세팅에는 재사용이 가능한 커틀러리를 쓰는 식이에요. 견과류 판매 코너에서는 폴더블[Foldable] 종이컵인 버터 플라이 컵으로 원하는 종류의 견과류를 필요한 만큼 구매할 수 있도록 했고요. 굿 네이처 마켓은 에코 포장재가 당연한 것이 될 때까지 탈 플라스틱을 위한 노력을 멈추지 않을 계획이에요.

#2. 굿 네이처 카페 - 디저트에 담아낸 자연의 풍경

1층의 굿 네이처 마켓을 둘러보다 보면 눈에 들어오는 브랜드가 하나 있어요. 귀여운 카카오 콩을 캐릭터로 한 '굿 카카오[Good Cacao]' 제품이에요. 굿 카카오는 초콜릿을 만들고 버려지는 카카오 껍질을 원료로 사용한 식료품 시리즈인데요. 초콜릿, 카카오 티, 카레, 호박당, 밀크잼, 크래프트 콜라 등 제품군도 다양하죠.

굿 카카오는 이름에서 예상할 수 있듯 굿 네이처 마켓의 PB 상품이에요. 식재료의 버려지는 부분을 활용한 것이니, 환경에 긍정적이에요. 그런데 환경에만 좋은 게 아니에요. 카카오 외피는 항산화 효과가 있는 폴리페놀이 풍부한 데다

가 음식에 카카오 풍미를 더해 맛과 영양을 더 풍부하게 하는 효과가 있어요. 덕분에 굿 카카오 시리즈는 굿 네이처 마켓뿐만 아니라 여러 리테일 채널에서도 판매되죠.

　그렇다면 이 굿 카카오 시리즈에 쓰이는 카카오 외피는 어디에서 오는 걸까요? 굿 네이처 스테이션의 오리지널 제과 브랜드, '로RAU'에서 나와요. 로는 '빈투바Bean to Bar'2 초콜릿을 중심으로 다양한 디저트를 만들어요. 애초에 굿 카카오 시리즈도 로에서 발생하는 카카오 찌꺼기들을 처리할 방도를 고민하다 탄생했고요. 그런데 이 로의 컨셉이 심미적이에요.

---

2 카카오 콩이 초콜릿이 될 때까지의 전 공정을 자체적으로 관리해, 이상적인 맛을 추구하는 제조법이에요.

'풍경을 형태화한다.Shape the Scene.'

풍경을 디저트로 구현하는 로는 '먹을 수 있는 예술Edible Art'을 지향해요. 맛은 기본, 비주얼도 예술 그 자체예요. 로는 남다른 비주얼을 바탕으로 굿 네이처 스테이션 1층에는 테이크 아웃 전문 매장을, 3층에는 자리에 앉아서 로의 아름다운 디저트를 맛볼 수 있는 카페를 운영하고 있어요. 각 매장에서는 디저트를 마치 하나의 예술 작품처럼 전시해 두었죠. 컨셉을 알고 디저트를 가만히 들여다 보면 풍경을 형태화했다는 것이 무언지 느껴져요.

로는 초콜릿을 예술의 경지로 끌어올렸어요. 고급 디저트로서 상대적으로 높은 가격을 받을 수 있는 거죠. 게다가 버려지던 카카오 껍질을 굿 카카오로 만들면서, 새로운 쓸모를 찾아 추가 매출도 일으키죠. 이렇게 높아진 이익의 일부를 코스타리카에서 수입하는 카카오를 비롯해 원재료를 공정한 가격에 구입하는 데에 사용해요. 로는 디저트로 굿 네이처가 추구하는 사람, 마음, 사회, 지역, 지구에 좋은 5 Good을 실천하는 거예요.

#3. 굿 네이처 뷰티 - 자연의 힘으로 가꾸는 아름다움

3층 로 카페의 맞은 편에는 굿 네이처 스테이션의 또 다른 오리지널 브랜드, '네모하모Nemohamo' 매장이 있어요. 네모하모는 '식물의 힘으로 만든 화장품'을 컨셉으로 100% 자연에서 추출한 화장품을 만들었어요. 네모하모의 화장품은 후쿠오카 현 아시야초에서 생산되는데, 이 지역은 비옥한 토양이 바다와 인접해있는 지리적 특성상 다양한 식물들이 자라는 곳이에요. 네모하모는 여기에 전용 유기농 농원을 갖추고, 근처의 유기농 농가들과 계약해 당근, 인삼, 쑥, 동백 등 화장품의 원료가 되는 식물들을 공수하죠.

그리고 정성껏 키운 식물 속 유효 성분을 파괴하지 않도

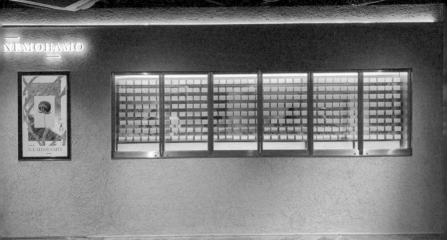

록 자체 개발한 저온 진공추출법으로 화장품 원료를 뽑아내요. 그 과정에서 뿌리, 잎, 줄기, 꽃, 열매를 최대한 활용하여 낭비를 최소화하고, 그럼에도 남은 찌꺼기는 흙으로 되돌려 퇴비로 재사용해요. 식료품에 이어 뷰티 제품에서도 친환경적인 순환형 방식을 추구하는 거예요. 굿 네이처의 5 Good을 담아낸 건 물론이고요.

제조 이후 포장하고 운송하는 과정에서도 친환경 소재를 사용하는 것을 놓치지 않아요. 유리, 바이오매스 PE 등으로 만든 화장품 용기를 사용하고, 상자는 사탕수수 찌꺼기에서 추출한 비목재 종이로 만들죠. 택배 상자도 재활용률

©시티호퍼스

98% 이상의 골판지를 활용해 제작하고요. 2022년부터는 용기 수거 및 재활용 프로그램인 '네모하모 지속 가능한 액션 NEMOHAMO Sustainable Action'을 시작하기도 했어요.

굿 네이처 스테이션은 로, 네모하모 등의 오리지널 브랜드를 판매할 뿐만 아니라, 굿 네이처 호텔의 어메니티로 공급하기도 해요. 네모하모의 유기농 헤어, 바디 케어 제품과 로의 초콜릿, 카카오 티 등은 객실 내에 비치되어 있어요. 오리지널 브랜드로 '소비Shop'의 영역에도 굿 네이처 철학을 구현하면서 동시에 굿 네이처 스테이션 안에서 사업적으로도 선순환 구조를 만든 셈이에요.

#4. 굿 네이처 호텔 - 자연과 공생하는 라이프스타일

굿 네이처 스테이션의 1~3층을 거쳐 4층으로 올라가면 드디어 굿 네이처 호텔에 도착해요. 도심의 번잡함과는 다른, 자연에 둘러싸인 공간이 손님을 맞이하죠. 호텔의 중정은 자연에 뿌리를 두면서도 일본다움, 교토다움을 표현하고 있어요. 교토에서 많이 나는 나무와 식물을 재현한 '대녹화벽'과 수경을 은유하는 '가레산스이'를 구현해 놓았는데요. 가레산스이는 물을 사용하지 않고 돌과 모래 등으로 산수 풍경을 표현하는 일본의 정원 양식으로, 자연을 일상에 들이는 일본

©시티호퍼스

인들의 문화를 경험할 수 있는 요소예요.

이번엔 객실로 가 볼게요. 객실에서는 자원을 소중히 하고 플라스틱의 사용을 최소화하고 있어요. 페트병에 담긴 물 대신 워터 서버와 텀블러를 비치해 두었고, 플라스틱 어메니티를 없앴어요. 가벼운 외출 시 짐가방으로 사용할 수 있는 마 소재의 가방, 전 공정을 재생 가능 에너지로 만든 100% 유기농 면 수건, 초콜릿 제조 과정에서 버려지는 카카오 껍질을 업사이클한 카카오 티 등을 통해 호텔에 머무르는 것만으로도 친환경 라이프스타일을 실천할 수 있게 도와줘요.

또한 자연과 공생하는 라이프스타일을 더 특별한 방식으로 경험할 수 있도록 굿 네이처 호텔은 '컨셉 룸'을 구성해 놓았어요. 각기 다른 컨셉을 가진 10가지 이상의 컨셉 룸이 있는데요. 프라이빗 목재 배럴 사우나 시설이 있는 '사우나 룸', 개인 명상실을 갖춘 '명상 룸', 객실 테라스에 텐트 등의 시설을 갖춘 '글램핑 룸', 시든 꽃의 아름다움을 재조명한 '드라이플라워 룸' 등이 대표적이에요. 각 객실에서 다채로운 방식으로 굿 네이처 라이프스타일을 즐길 수 있는 거예요.

굿 네이처 호텔의 투숙객 모두가 누릴 수 있는 자연스러운 행복 중 하나는 아침식사예요. 굿 네이처 호텔의 조식 장소는 두 곳이 있는데요. 뷔페 스타일의 '에루탄ERUTAN'과 단품 요리를 먹을 수 있는 '히숍^{Hyssop}'이에요. 두 곳 모두 지산 지소[3]에 뿌리를 두고 지속 가능성을 기준으로 식재료를 엄선해요. 그리고 일본의 식문화를 반영한 조리법으로 식재료 본연의 맛을 살리죠. 자연의 맛을 느끼는 것 또한 굿 네이처가 추구하는 라이프스타일 중 하나거든요.

이번에 내리실 역은 '굿 네이처 스테이션'입니다

사람, 마음, 사회, 지역, 지구 사이의 선순환 고리를 만들면서 동시에 사업적 선순환을 이루어 나가는 굿 네이처 스테이션. 이쯤 되니 굿 네이처 스테이션을 기획한 '게이한'이 궁금해져요. 일본의 호스피탈리티 그룹인가 싶기도 하고 라이프스타일 브랜드인가 싶기도 한데, 놀랍게도 게이한은 '철도 회사'예요. 이제서야 마켓부터 호텔까지, 복합문화 공간의 이름에 '스테이션'이라는 단어가 들어간 이유가 이해돼요.

게이한은 철도회사를 운영하면서 '안심안전'을 핵심 가치로 여겨 왔는데요. 이 가치를 굿 네이처 스테이션을 통해 라이프스타일 영역으로 확장한 거예요. 그렇다면 라이프스타일에서의 안심안전이란 뭘까요? 안심하고 먹고 소비하고 머무를 수 있는 것이에요. 그래서 게이한은 굿 네이처 스테이션을 마켓, 레스토랑, 카페, 편집숍, 호텔 등으로 구성했죠.

---

3 지역에서 생산한 농산물을 지역에서 소비하자는 운동^{movement}이에요.

한편 굿 네이처 스테이션은 게이한이 그룹 차원에서 발족한 프로젝트의 일환이기도 해요. 게이한이 SDGs$^{\text{Sustainable Development Goals}}$를 달성하기 위해 공표한 '바이오스타일 프로젝트$^{\text{Biostyle Project}}$'의 플래그십 공간이거든요. 바이오스타일 프로젝트는 규제나 인내가 아니라, 즐겁고 무리 없이 도입할 수 있는 순환형 사회를 만들려는 활동이에요. 그래서 게이한에서 출자해 '바이오스타일'이라는 법인을 만들고, 굿 네이처 스테이션을 론칭한 거고요.

바이오스타일 프로젝트는 굿 네이처 스테이션을 필두로 다양한 시도를 하고 있어요. 유기농 농산물 및 가공식품 배송 서비스 '바이오 마르쉐$^{\text{Bio Marché}}$', 지속 가능한 100년 주택 '제로 홈$^{\text{Zero Home}}$', 탈탄소 사회 실현을 위한 전기 버스 '스테이션 루프 버스' 등이 대표적이에요. 게이한 버전의 SDGs인 바이오스타일 덕분에 우리의 몸, 마음, 지역, 사회, 지구 모두가 더 건강해지고 있는 중이죠. 게이한이 이어 나갈 다음 스테이션이 궁금해지는 이유예요.

08

오가와 커피

70년된 장인 카페가
커피에 떨어뜨리는 '희망'의 정체

경영
철학 | 컨셉
기획 | 사업
전략 | 수익
모델 | 브랜딩
마케팅 | 고객
경험 | 디자인

©시티호퍼스

일본에는 카페인 듯, 카페 아닌, 카페 같은 곳이 있어요. 바로 '킷사텐'이에요. 테이블에 앉아서 커피를 마실 수 있다는 점에서는 카페인 듯 보이지만 카페와는 차이가 있어요. 토스트, 샌드위치, 카레라이스, 햄버그스테이크 등의 식사류뿐만 아니라 술도 함께 팔죠. 공간 분위기도 카페와는 사뭇 달라요. 레트로하면서도 로컬스럽거든요. 그럼에도 커피가 중심에 있으니 카페 같은 곳이라 볼 수 있어요. 그렇다면 어쩌다 이런 킷사텐이 자리 잡게 된 걸까요?

킷사텐의 등장은 1888년이었어요. 런던과 파리 등 유럽에서 근무를 했던 어느 외교관이 도쿄에 커피, 빵, 버터 그리고 술과 담배를 함께 즐길 수 있는 커피하우스, 가히차칸을 열면서부터예요. 이를 시작으로 킷사텐이 하나둘씩 생겨났는데요. 그러다 킷사텐이 폭발적으로 늘어나게 된 사건이 발생했어요. 지금으로서는 상상할 수도 없는 일이 벌어진 건데요. 사연은 이래요.

1910년경 브라질 커피 생산이 폭발적으로 증가했어요.

당연히 커피 가격이 폭락했죠. 이즈음 일본은 지금에는 브라질 정부와 한 가지 딜을 하게 돼요. 브라질산 커피 원두를 무료로 수출해 주면, 일본인을 브라질로 이주시키기로 한 거예요. 이 거래가 성사돼 3년간 500톤의 원두가 일본으로 들어왔어요. 공짜로 커피 원두를 얻었으니 가격은 저렴할 수밖에 없었고, 이내 도쿄 긴자 거리에 유명한 킷사텐들이 생겼어요.

킷사텐이 속속 들어서면서 커피 문화도 발전했어요. 일본 사람들은 손수 로스팅을 하고 커피를 내리는 핸드드립 추출법을 고수했는데요. 그 결과 간편화된 미국식이 아니라 원두에 대한 까다로움과 로스터리의 개성을 간직한 유럽식 문화를 따라 성장하게 돼요. 여기에 특유의 장인정신까지 녹여내자 그 어디에도 없던 커피 산업을 꽃피웠죠. 칼리타, 고노, 하리오 같은 세계적인 명성을 자랑하는 핸드드립 브랜드도 일본에서 탄생할 수 있었고요.

이처럼 킷사텐으로 시작해 커피 산업을 높은 수준으로 끌어올린 일본에서도 유독 커피의 도시로 불리는 곳이 교토예요. 커피 소비량이 일본의 47개 도도부현 중 1위죠. 어느 정도냐면요. 일본 전국의 커피 소비량이 하루 평균 3.3잔인데 교토의 경우 4.9잔을 웃돌아요. 전국 평균보다 50%가량

높은 거예요. 수요가 많은 만큼 경쟁도 치열할 수밖에요. 이러한 교토의 커피 신Scene에서도 유독 '장인 커피'로 정평이 난 카페가 있는데요. 1952년에 문을 연 '오가와 커피이하 오가와',예요.

갈고닦은 전통 핸드드립에, 신선함 한 방울을

"모든 직원은 커피 장인이 되어야 합니다."

창업 이래 변함없이 지켜온 오가와의 슬로건이에요. 실제로

오가와에는 월드 바리스타 챔피언십, 재팬 바리스타 챔피언십, 월드 라떼아트 챔피언십 등의 우승자와 입상자가 잔뜩 모여 있어요. 직원만 정상급인 게 아니에요. 여느 스페셜티 카페처럼 다양한 산지와 소통하면서 양질의 원두를 확보하죠. 이 원두를 70년 동안 갈고닦은 로스팅 기법으로 블렌딩하고요. 전문성을 가진 직원, 고품질의 원두, 전통적인 노하우가 만났으니 과연 장인 커피라 불릴 만해요. 이 정도로 해도 경쟁력이 있는데, 오가와는 여기에다가 신선함을 몇 방울 떨어뜨렸어요. 그렇게 창의적인 커피 메뉴들이 탄생했죠.

커피 젤리 플로트, 에스프레소 소다, 비엔나커피 흰 미소 크림. 이름만 보자면 생소하죠? 하지만 이름만 봐도 주재료가 뭔지 알 수 있어요. 커피 젤리 플로트는 아이스커피에 과일 맛 커피 젤리를 넣었어요. 바닐라 젤라또가 녹으면서 커피가 젤리와 어우러지는데 펄을 씹는듯한 식감이 나요. 다음으로 에스프레소 소다는 수제 바질 시럽에 레몬, 라임, 소다를 넣고, 그 위에 에스프레소를 부어 완성해요. 커피의 쓴맛과 소다의 상쾌함이 바질 맛을 잡아주면서 마르게리타를 음료화한 듯한 맛이 느껴져요. 하이라이트는 비엔나커피 흰 미소 크림. 커피와 미소라니, 웬 해괴한 조합인가 싶지만 미소 특유의 짠맛과 단맛이 조화를 이루면서 캐러멜 마키아토 같

은 맛을 즐길 수 있어요.

교토에 있는 오가와의 매장 중에서 이 희한하고 이색적인 메뉴들을 가장 운치 있게 맛볼 수 있는 장소가 사카이마치 니시키점이에요. 100년이 넘은 마치야를 카페로 개조해, 오가와의 철학과 지향점을 직관적으로 느낄 수 있도록 했거든요. 기존의 들보와 기둥은 그대로 남기고 원래 있던 전나무는 새로 증축한 중정으로 옮겼어요. 실내 인테리어는 마치야의 분위기와 위화감 없이 세련되게 디자인했고요. 전통과 혁신이 공존하는 메뉴를, 과거와 현대가 만나는 공간에서 맛볼 수 있는 거예요. 어느 카페에서도 느끼기 어려운 '신선

한 기분'을 얻는 건 덤이에요.

이곳에선 커피 말고도 흥미로운 메뉴를 하나 발견할 수 있어요. 바로 식빵이에요. 식빵이라는 메뉴 자체는 특별할 게 없지만, 이를 조리하는 방식이 독특해요. 식빵을 숯불에다 굽거든요. 그렇다면 오가와는 어쩌다 숯불 식빵을 선보이게 되었을까요? 이 메뉴도 전통을 이어가고자 하는 취지에서 시작됐어요. 이 지점은 예스러운 가옥인 마치야를 리모델링했듯이, 오래된 커피 문화인 킷사텐을 오가와 스타일로 구현하고자 했죠. 그러려면 음식이 필요한데, 교토인들에겐 커피와 빵을 함께 먹는 것이 클래식한 방식이었어요. 그래서 지점 오픈 일에 맞춰서 새로운 식빵을 선보이기로 한 거예요.

'100년 후에도 질리지 않는, 매일 먹을 수 있는 식빵'

오가와가 전설의 블랑제리인 '르 쁘띠맥' 창업자인 니시야마 이츠나리에게 식빵 개발을 의뢰하며 했던 주문이에요. 여기에다가 한 가지 조건을 더 내세웠어요. 교토산 밀을 사용해달라는 것이었어요. 난해한 과제였지만 그의 도전의식을 자극했죠. 자주 먹어도 질리지 않으려면 불필요한 것을 덜어내야 했는데, 문제는 다른 재료 없이 밀 본래의 단맛을 끌어내면서 빵을 부풀게 하는 건 어려운 일이었어요. 그는 노트 2권 분의 시행착오 끝에 결국 최적의 조합을 찾아냈어요. 그러고는 식빵을 스페인산 숯불구이용 오븐 '조스퍼 차콜 오븐'으로 구웠어요. 재료 본연의 맛을 더 끌어내기 위함이에요. 여기에 교토의 술 양조장 사사키 주조의 쌀누룩이 들어간 버터를 곁들이면, 찰떡궁합이죠. 이렇게 오가와 사카이마치 니시키점은 전통과 혁신이 공존하는 장이 되었어요.

아낌없이 알려드리는 혁신의 장, 오가와 랩

커피 젤리 플로트, 에스프레소 소다, 비엔나커피 흰 미소 크

림 그리고 숯불 식빵까지. 이러한 혁신은 어디서부터 시작된 걸까요? 이를 이해하기 위해선 도쿄로 가봐야 해요. 도쿄 시모키타자와와 사쿠라신마치에 2020년과 2021년에 차례로 '오가와 커피 래버러토리^{이하 오가와 랩}'를 오픈했거든요. 여기선 뭘 하느냐고요? 크게 두 가지예요. 하나는 커피 맛이 혀끝에 닿는 순간부터 거꾸로 커피의 여정을 거슬러 올라가는 거예요. 또 하나는 커뮤니티와 열린 실험의 장이 되는 거고요. 그렇게 '맛있는 커피, 맛있는 식재료, 특별한 공간 그리고 사람과 사람 간의 연결'을 추구하고자 하죠.

　오가와 랩에선 바리스타가 손님을 일대일로 접객해요.

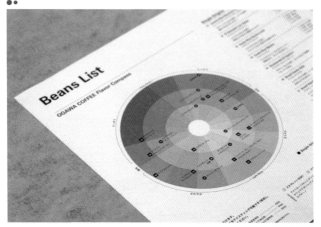

길게 늘어선 바로 공간을 구성한 것도 손님과의 커뮤니케이션을 위해서예요. 랩에는 싱글 오리진과 블렌드를 합해 21종의 원두 라인업이 있는데요. 모두 시음해 볼 수 있어요. 생산국, 생산자, 원두 선별 방법 등이 적힌 플레이버 컴퍼스로 원두 각각에 대한 이해를 돕고요. 또한 바리스타가 맛과 생산자에 대한 생각과 자신의 취향을 이야기처럼 적은 디스크립션 카드도 제공해요. 그럼에도 어려워하는 분들을 위해 맛을 상상하게 하는 설명을 곁들여요. '버터 토스트 같은 향기, 멜론 같은 신맛과 단맛, 건포도 향기에 초콜릿 같은 단맛'와 같이요. 그래서 오가와 랩은 커피 초보자에게도 한껏 열려

있어요.

원두에 대해 알아봤고 마음에 드는 원두까지 찾았다면
요, 이제 맛있는 커피를 직접 내려볼 차례예요. 스테디셀러
부터 최신 모델까지 바리스타가 애용하는 40여 종의 커피 기
구를 엄선해 들여놨어요. 자유롭게 조합하면서 로스팅과 추
출을 시도해 볼 수 있죠. 체험은 '굽다, 갈다, 붓다, 내린다,
재다' 중 고를 수 있는데요. 만약 '갈다'를 선택했다면 구비된
그라인더 중 한 가지를 골라 커피를 내리면서 원두와의 궁
합, 수동과 자동 머신의 차이, 조작법 등 커피에 관한 지식과
바리스타의 노하우를 배울 수 있어요.

또한 이곳에서는 마음에 든 커피 원두를 구매해서 매장에 보관하는 것도 가능해요. 마치 바에서 술을 킵해 두는 것과 유사한데요. 결정적인 차이가 있어요. 바에서는 남은 술을 그대로 보관해 주는 반면, 오가와 랩에서는 구매한 원두를 물리적으로 보관해 주지 않아요. 이 '리저브 시스템'을 이용하면 앱에서 사용한 양만큼만 차감하고 남은 그램 수를 이월시키죠. 다음 방문 때, 지난번에 구매했던 원두를 보관했다가 내주는 게 아니라 신선한 상태의 같은 원두를 제공하는 방식이에요.

그렇다면 매번 같은 원두로 내린 커피를 주문하는 것과 마찬가지인데, 왜 리저브 시스템을 이용하냐고요? 원두를 리저브 해두면 더 저렴하게 커피를 마실 수 있거든요. 또 이런 의문도 들 수 있어요. 집이나 회사에서 마시려고 원두를 사는데 매장에 가야만 마실 수 있으면 불편하지 않냐고요? 물론 남은 원두를 가지고 갈 수 있어요. 그러나 매장 밖으로 나간 원두는 다시 매장에서 보관할 수 없어요. 그 사이 원두가 어떻게 변했을지 알 수 없어서죠. 그래서 원두를 가져갈 때도 원하는 양만큼만 가져갈 수 있어요. 원두를 최적의 상태로 보관하기가 어렵다는 고충을 리저브 시스템으로 해결하는 거예요.

또한 킷사텐 문화를 요즘의 스타일로 풀어낸 곳답게 오가와 랩에선 아침, 점심, 저녁 메뉴도 제공해요. 외부의 셰프들과 협업해서 '커피와 숯불구이 요리의 마리아주를 만끽하자'는 컨셉으로 실험적인 요리를 내놓죠. 그뿐 아니라 매장에는 공유 로스터기를 둬서 누구나 사용할 수 있도록 해요. 카페 운영자나 바리스타 등 업계 사람들도 오가와 랩을 깊숙이 경험할 수 있도록이요. 이처럼 오가와 랩은 문을 닫아놓고 비밀리에 미래를 준비하는 대신 오픈 이노베이션의 장을 자처해요. 그동안 쌓아온 지혜를 공개하고 나누며, 더 큰 혁신을 만들어가는 실험실로 자리 잡고 있죠.

공정무역은 기본, '버드 프렌들리'를 추구한다

70여 년의 전통을 가지고 있으면서도 혁신의 최전선에 있는 오가와. 그렇다면 이들의 궁극적인 목표는 무엇일까요? 단순히 맛있고 새로운 커피를 만드는 데 있지 않아요. '희망의 방울Drip of Hope'을 떨어뜨리면서 커피로 희망을 이야기하고자 하죠. 커피 생태계를 건강하게 만들어 지속 가능한 사회에 공헌하는 걸 목표로 삼는 거예요. 그래서 오가와는 유기농 농산물 규정이 생기기 전부터 유기농 원두를 취급해 왔어요. 2003년부턴 공정무역으로 유통되는 원두를 팔고 있죠. 세계

공정무역의 달인 5월 한 달간은, 공정무역 인증 제품의 인지도를 높일 수 있는 새 메뉴를 선보이고요.

버드 프렌들리^{Bird Friendly} 인증 커피를 일본에서 처음 출시한 것도 오가와예요. 중남미 지역의 커피는 전통적으로 나무 아래서 자라는 '그늘 재배법'에 의해 생산됐어요. 그런데 더 빨리, 더 많은 커피를 만들기 위해 나무를 걷어내고 직사광선을 쬐는 '선 그로운^{Sun-Grown} 재배법'이 주를 이루면서, 새들의 서식지였던 산림이 파괴되기 시작했어요. 그동안 사라진 열대우림의 면적만 250만 에이커, 잠실 야구장 100만 개에 해당하는 크기예요. 버드 프렌들리 인증 커피는 다시 그늘 재배법으로 생산된 커피를 말해요. 물론 오래 걸리지만 커피 원두가 천천히 숙성할수록 향미는 더 달콤해지는 법이죠. 지구에 좋을 뿐 아니라 소비자에게도 더 나은 맛의 커피를 제공할 수 있는 거예요.

이외에도 수마트라 오랑우탄 보호 프로그램에 기부하는가 하면, 개발도상국 어린이들의 교육과 워킹맘들의 노동 환경을 개선하는 데, 여성 커피 생산자들을 지원하는 데, 저탄소 사회를 구현하는 데 꾸준히 힘을 싣고 있어요. 이처럼 오가와의 활동을 보면 커피 산업과 생태계를 일차원적으로만 보지 않는다는 걸 알 수 있어요. 커피 원두를 재배해서 고객이 커피를 마시는 과정에서 연결되어 있는 모든 것에 희망의 방울을 떨어뜨리고자 하죠. 그래서 오가와도 킷사텐과는 또 다른 의미에서 카페인 듯, 카페 아닌, 카페 같은 곳이죠.

사실 교토의 사카이마치 니시키점도 커피로 지속 가능한 사회에 공헌하고자 2022년에 오픈한 공간이에요. 유기 JAS 인증이나 국제 공정무역 인증을 받은 에시컬^{Ethical} 커피만을 취급해 넬 드립으로 제공하거든요. 이때 넬은 종이가 아니라 양모로 짠 천이기 때문에, 반복적으로 사용할 수 있다는 장점이 있어요. 친환경적인 거예요. 또한 오가와는 글로벌 유기농 섬유 표준^{GOTS} 인증을 취득한 오가닉 코튼도 개발해 이 넬 드립에 사용하고 있어요.

이처럼 이 매장은 에시컬 카페를 표방해요. 하지만 손님이 이를 특별히 의식하게 되는 경우는 없어요. 그저 커피를 즐길 뿐이죠. 사회와 환경을 건강하게 만드는 실천은 오가와가 더 많은 시간과 노력을 들여서 하고 있으니까요. 불편하지 않게, 부담스럽지 않게 스며들어 손님 자신도 모르는 사이, 윤리적 소비를 할 수 있는 환경을 제공할 수 있도록요. 오가와에게 공정한 거래, 친환경적인 방식, 균형 잡힌 생태계는 마케팅의 수단이 아니라 그들이 희망의 방울을 채워서 이루고 싶은 미래인 거예요.

한 잔의 커피로 희망의 몸집을 불리는 카페

커피 산업의 미래와 생태계를 건강하게 만드는 건 환영할 일이에요. 그런데 착한 생각, 바른 행동을 하면서 비즈니스를 자선 사업처럼 운영하는 건 아닐까요? 오가와 사업 성과를 알고 나면 생각이 달라져요. 2022년 오가와 매출은 84억 엔약 840억원이거든요. 2018년 매출이 65억 엔약 650억원이니 4년 사이에 매출이 29%가량 증가했어요. 영업이익도 2018년에 2억 엔약 20억원, 2019년에 1.9억 엔약 19억원, 코로나19 팬데믹으로 타격을 받았던 2020년에도 3.6억 엔약 36억원을 기록할 정도로 안정적인 수준을 유지하고 있죠.

그렇다고 매장수를 빠른 속도로 늘리는 것도 아니에요. 오가와 매장은 미국 보스턴에 있는 해외 매장을 포함해 총 11개뿐인데요. 한때 35개 매장이 있었으니, 오히려 매장수가 1/3 수준으로 줄어들었죠. 매장당 매출이 늘어나면서 사업 구조가 더 탄탄해진 거예요. 11곳 모두가 초대형 매장이 아닌 이상 매장당 평균 매출 7.6억 엔약 76억원을 올리는 건 쉬운 일이 아닌데, 비결이 뭘까요?

매출을 매장 수로 나눈 산술적인 평균은 7.6억 엔이지만, 매출의 큰 부분은 매장에서 판매하는 커피가 아니라 커피 도매와 팩 커피에서 발생해요. 커피 도매야 여느 카페 브랜드들도 하고 있어 특별한 사업 영역은 아니에요. 그럼에도 전통과 혁신 그리고 희망이 담긴 원두라 차별적 경쟁력이 있죠. 또한 팩 커피를 편의점 로손 등에서 판매하는데요. 제품이 색달라요. 숯불의 스모키하고 쓴맛, 진한 감칠맛을 극대화한 숯불 팩 커피를 팔거든요. 일반적인 커피는 경쟁이 치열하니 호기심을 자극하는 제품으로 승부하는 거예요. 그것도 1985년부터 말이에요.

이처럼 오가와는 '장인 커피'라는 명성을 넘어 맛을 혁신하고, 자신들의 노하우를 공공재로 전환시키며, 에시컬 소비까지 촉진시키면서도, 수익을 낼 수 있는 사업 구조를 만들었어요. 이 정도로도 충분할 텐데 여기서 그치지 않고 오가와는 계속해서 한 잔의 커피로 무엇을 할 수 있을지를 스스로에게 물을 거예요. 이들이 쉴 틈 없이 전통을 혁신해 왔기에, 커피 한 잔에 깃든 쉼에 희망까지 담긴 거 아닐까요?

09

카메야 요시나가

200년 넘은 화과자 전문점이
'브랜드 안티에이징'을 하는 법

경영 철학 | 컨셉 기획 | 사업 전략 | 수익 모델 | 브랜딩 마케팅 | 고객 경험 | 디자인

©카메야 요시나가

코로나19 팬데믹이 한창이던 2021년 5월, 교토의 11개 노포들이 힘을 모았어요. 하늘길은 막힌 지 오래, 국내 이동조차 멈춰버린 시기에 교토를 여행하고 싶은 사람들의 마음을 달래기 위해서죠. '일본식 과자를 당신의 가정에'라는 모토 아래, 11개 일본식 화과자 전문점들의 시그니처 제품들을 모아 하나의 패키지 상품으로 구성한 거예요.

한정판으로 발매된 이 화과자 모음 상품은 일본 전역에 있는 교토 애호가들의 마음을 달래 주었어요. 교토에 가야만 즐길 수 있는, 그것도 이 가게 저 가게 돌아다녀야 구할 수 있는 화과자 전문점들의 시그니처 제품을 집에서 편하게 받아볼 수 있었으니까요.

그런데 고객에게 줄 수 있는 가치는 분명해도, 상품 기획의 관점에서 보면 출시하기가 만만치 않았을 거예요. 제품 구성, 제작 수량, 수익 배분, 유통 방식, 홍보 채널, 출시 시기 등 11개에 이르는 가게들이 협의하고 합의해야 가능한 일이죠. 게다가 역사와 전통이 있는 브랜드들이라 자기만의 방식을 내려놓기도 어려웠을 거고요.

서로에 대한 이해와 신뢰가 있지 않으면 성사되기 어려웠던 이벤트의 배경엔 한 모임이 있어요. 이름은 '산스이카이山水會'. 11개 화과자 전문점의 대표들이 20대 청년이었던 1998년부터 함께 해온 일종의 커뮤니티예요. 그들은 20년 넘게 모임을 지속하면서 일본의 화과자 문화를 연구해 왔어요. 이벤트성으로 함께 할 수 있는 상품을 개발할 뿐만 아니라 전통 공예를 공부하거나 기획 전시회 등을 개최하며 화과자 문화를 가꿔나가고 있죠.

산스이카이의 중심에는 '카메야 요시나가'가 있어요. 11개 가게 중 가장 오랜 역사를 자랑하는 화과자 전문점이자 모듬 화과자 제품 개발의 주역이죠. 1803년에 창업해 현재는 8대손인 '요시무라 요시카즈'가 이끌고 있고요. 모듬 화과자 제품을 기획한 것에서 볼 수 있듯이 그는 헤리티지에만 기대지 않아요. 전통을 계승하되, 시대에 맞게 변형하죠. 이유가 뭘까요? 그의 설명을 들어볼게요.

"예전에는 '전통을 지켜나가는 것' 그 자체가 목적이라고 생각했어요. 전통은 우리가 감사해야 할 일은 맞아요. 오래전부터 장인의 기술과 지혜가 쌓인 것이기 때문이죠.

하지만 우리는 이 기술을 지키려고 여기 있는 게 아니에요. 우리의 목적은 고객을 기쁘게 만드는 거예요. 시대에 맞게 그 도구를 어떻게 사용하는가가 중요한 것이고, 도구를 지키는 것이 목적이 되면 본말이 전도되죠. 제일 중요한 것은 지금이라는 것을 깨달았습니다."

- 〈기모노토^{Kimonoto}〉 인터뷰 중

카메야 요시나가가 존재하는 목적에 대한 성찰이에요. 전통을 이어가는 건 가치있는 일이지만, 전통을 고집하는 것보다 시대와 소통하는 것이 더 중요하다는 거예요. 고객을 만족시킬 수 없어 결국 가게 문을 닫게 된다면 전통도 끊길 테니까요. 그렇다면 카메야 요시나가는 지금을 위해 어떤 변화를 기꺼이 만들어 나가고 있을까요?

요즘의 입맛과 동기화된 전통의 맛

카메야 요시나가 매장에 들어서면 우아한 자태의 일본식 화과자들이 마치 예술 작품처럼 전시되어 있어요. 어떤 제품들은 투명한 케이스 안에 샘플을 넣어두어 그 가치가 더욱 빛나 보이죠. 화과자를 귀하게 디스플레이 해놓고, 고객이 요청하면 꺼내주는 식이에요.

　그런데 고개를 돌려 벽면 쪽 진열대를 보면 전통적인 화과자와는 대비되는 제품이 눈에 띄어요. 바로 카메야 요시나가의 새로운 시그니처 제품인 '슬라이스 요칸'이에요. 판매량 1, 2위를 다툴 만큼 인기가 많죠. 슬라이스 요칸은 얇게 썬 양갱 위에 작은 버터 조각을 올린 제품으로, 식빵과 함께 먹을 수 있어요. 디저트처럼 먹는 양갱을 잼처럼 발라먹도록 변형한 거죠.

　이 슬라이스 요칸은 요시무라 요시카즈의 아내인 '요시무라 유이코'의 아이디어에서 나왔어요. 그녀는 아침에 토스트를 먹을 때 슬라이스 치즈는 간편하게 먹을 수 있는 반면,

잼이나 앙금은 발라 먹어야 게 번거로웠어요. 특히 팥앙금은 냉장고에 보관할 경우 딱딱하게 굳어 발라 먹기가 어려웠죠. 그래서 그녀는 '팥앙금을 슬라이스 치즈처럼 만들 수 없을까?'를 고민하다가 슬라이스 요칸을 떠올리게 됐죠. 매일 아침 마주하는 작은 불편함을 그냥 지나치지 않은 그녀의 세심함이 매장의 대표 제품을 탄생시킨 거예요.

카메야 요시나가에서 양갱은 연간 75,000엔^{약 75만원} 정도의 매출이 나는 미미한 상품군이었어요. 그런데 이 슬라이스 요칸은 판매 첫해였던 2020년에 700만엔^{약 7천만원}의 매출을 달성했고, 2년 차에는 3,750만엔^{약 3억 7,500만원} 이상의 판매액을

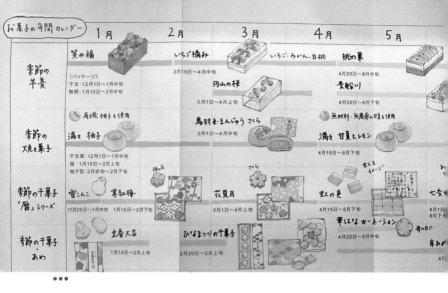

기록했어요. 슬라이스 요칸을 출시한 지 2년만에 양갱 매출이 500배 이상 증가했죠.

이처럼 시대의 흐름에 맞춰 변화하고자 하는 카메야 요시나가의 의지는 일시적이지 않아요. 카메야 요시나가는 2019년부터 사내에 '카메야 와가시부'라는 조직을 신설해, 젊은 직원들과 함께 요즘 입맛에 맞는 화과자를 기획하고 제작해 왔어요. 젊은 감성을 살려 폭넓은 세대가 일본식 화과자에 관심을 갖게 만드는 것이 이 조직의 목표예요.

카메야 와가시부의 대표적인 프로젝트는 '과자의 연간 달력'이에요. 카메야 와가시부의 젊은 직원들이 24절기에 맞

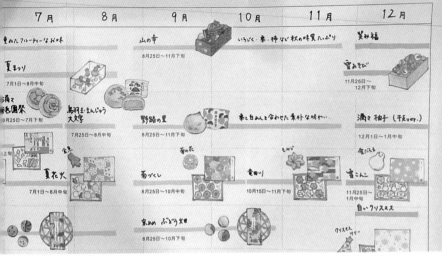

쳐 계절감을 담은 화과자, 양갱, 구운 과자, 건과자, 사탕 등을 선보이는데요. 각 제품의 종류와 출시 시기를 표시한 달력을 만들어 한 눈에 파악할 수 있게 한 거예요.

예를 들어 볼게요. 슬라이스 요칸도 상시 판매하는 오리지널 맛 외에 계절마다 '계절의 슬라이스 요칸'이 나와요. 계절의 슬라이스 요칸은 얇은 양갱 토핑의 절반에 계절별로 다른 식재료가 들어간 제품이에요. 3월 중순부터 4월에는 '라즈베리와 딸기', 6월부터 8월 중순까지는 '패션프루트', 8월 말부터 10월 하순까지는 '고구마', 1월 말부터 2월 하순까지는 '카카오'가 팥양갱과 반반씩 올라가는 식이에요.

'누구랑'보다 '어떻게'에 초점을 맞춘 컬래버레이션

카메야 요시나가는 독립적인 변화를 꾀하기도 하지만, 고객 저변을 넓히고 외부의 전문성을 활용하는 차원에서 컬래버레이션에도 적극적이에요. 시너지가 난다면 파트너사를 선정하는 데에 있어서 산업도, 업력도, 국경도 가리지 않죠.

컬래버레이션 중에는 수년에 걸쳐 정기적으로 진행했던 것도 있어요. 바로 교토의 패션 브랜드 '소우소우^{Sousou⊕}'와의 협업이에요. 소우소우는 2002년에 교토에서 시작한 브랜드로, 손수건, 신발, 양말, 의류 등 다양한 텍스타일 제품을 만들어요. '새로운 일본 문화의 창조'를 컨셉으로 전통적인 소재와 기법을 사용하면서도 요즘의 라이프스타일에 맞춘 디자인을 선보이는 게 특징이에요. 덕분에 일본인뿐만 아니라 외국인에게도 인기가 높아요. 그렇다면 화과자 브랜드와 패션 브랜드 간 협업의 결과물은 어떤 걸까요?

카메야 요시나가와 소우소우의 컬래버레이션 타이틀은 '화과자가 된 직물 디자인'이에요. 2009년부터 2016년까지 해를 거르지 않고 매년 연간 테마를 정하고, 그 테마에 따라 매월 하나씩 새로운 화과자와 직물 디자인을 선보였어요. 각각은 서로의 모티브가 되었고요. 그렇게 매년 12종씩 탄생한 결과물은 총 96가지에 이르렀죠.

⊕ **KYOTO**
10개의 숫자로, 고객의 지갑을 열게 한 패션 브랜드
소우소우

이 컬래버레이션은 2017년을 마지막으로 끝이 났는데요. 컬래버레이션을 마무리하며 그간의 행적을 책으로 출판했어요. 이 책에는 '24절기', '제철 꽃', '제철 야채', '일본의 문양' 등 매해의 테마와 더불어 매월 출시했던 화과자와 텍스타일 디자인에 대한 상세한 히스토리가 기록돼 있어요. 출간된 지 6년이 지났지만, 여전히 일본의 전통문화와 디자인을 재발견할 수 있는 서적으로 평가받고 있죠.

이 컬래버레이션이 책으로만 남아 있는 건 아니에요. 아직도 카메야 요시나가의 매장에서는 소우소우의 흔적을 발견할 수 있거든요. 이곳에서 소우소우의 원단은 카메야 요시나가의 화과자를 포장하는 패키지로 쓰여요. 보자기 모양으로 화과자를 감싸기도 하고, 작은 파우치로 화과자를 포장하기도 하고요.

이외에도 카메야 요시나가는 다양한 곳들과 컬래버레이션을 해요. 교토 기반의 빈투바 초콜릿 브랜드 '다리 K^Dari K'의 카카오를 사용해 구운 과자를 만들기도 하고, 샌프란시스코의 초콜릿 브랜드 '단델리온 초콜릿^Dandelion Chocolate'과는 카메야 요시나가의 대표 명과인 '우바타마'를 카카오 버전으로 만들기도 하죠. 산리오^Sanrio의 대표 브랜드 '헬로키티'와는 키티 모양의 와산본[4]을 개발했고요. 이처럼 카메야 요시나가는 원료부터 디자인까지 적극적으로 협업하면서 저변을 넓혀가고 있어요.

브랜드 부캐로 심은 미래를 위한 씨앗

카메야 요시나가는 변화를 두려워하지 않아요. 하지만 본체가 바뀌는 데에는 한계가 있어요. 200년이 넘는 헤리티지와 전통에 대한 존중이 카메야 요시나가의 근간인데, 변신을 거듭하다 보면 카메야 요시나가만의 정체성도, 경쟁력도 사라질 테니까요. 그렇다고 새로움에 대한 시대적 요구와 내부의 의지를 외면하기도 어려워요.

---

4 일본 전통 설탕이에요.

이런 상황에서 어쩔 수 없이 현실과 타협할 카메야 요시나가가 아니에요. 카메야 요시나가의 매장에서는 태생적 한계를 깬, 과감한 시도들을 목격할 수 있는데요. 기존 브랜드로는 시도하기 힘든 컨셉을 2개의 서브 브랜드를 통해 전개하는 거예요. 하나는 '사토미 후지타 바이 카메야 요시나가[이하 사토미 후지타]', 또 다른 하나는 '요시무라 와가시텐'이에요. 두 브랜드 모두 카메야 요시나가의 매장에서 만나볼 수 있어요.

먼저 사토미 후지타[5]는 카메야 요시나가의 기술을 토대로 '후지타 사토미'라는 서양식 파티시에와 협업해 2010년에 론칭한 제과 브랜드예요. 그 전에 후지타 사토미는 'Les Pyrénées', 'Relais Lois XIII' 등 프랑스의 미슐랭 레스토랑에서 파티시에로 있었어요. 그러다 파리에서 열린 화과자 워크숍에서 일본식 화과자에 대한 깊은 인상을 받았고 이후 화과자를 연구하기 위해 일본으로 돌아왔죠. 전통 화과자 전문점임에도 새로운 시도에 열정적인 카메야 요시나가를 우연히 알게 돼 함께하기 시작한 거예요.

사토미 후지타에서는 일본식과 서양식의 틀에 얽매이지 않는 자유로운 발상으로 양과자와 화과자의 경계를 넘나드는 재밌는 과자를 만들어요. '밤과 생크림', '모모야마[6]와 치즈' 등 일본식 식재료와 서양식 식재료를 대담하게 조합하

---

5 후지타 사토미를 영어식으로 표현한 거예요.
6 찹쌀가루 또는 갈분에 흰 팥소, 노른자, 설탕을 넣어 반죽한 후 구운 과자예요.

©시티호퍼스

©요시무라 와가시텐

죠. 단순히 물리적으로 결합한 것이 아니에요. 각자의 노하우로 양과자와 화과자 각각의 장점을 겸비한 섬세한 맛을 구현해요. 덕분에 서양식 디저트에 익숙한 젊은 세대에게 더 가까이 다가갈 수 있어요.

한편 카메야 요시나가 매장의 가장 안쪽을 차지하고 있는 건, 2016년에 론칭한 요시무라 와가시텐이에요. 요시무라 와가시텐은 '몸과 마음에 모두 부담 없는 교토식 화과자 브랜드'를 지향해요. 한때 카메야 요시나가의 대표인 요시무라 요시카즈의 건강이 나빠져 치료를 받으면서 동물성 식품이나 설탕을 먹지 못하던 시기가 있었어요. 설탕이 많이 들어가는 화과자 역시 그에게 점점 부담이 됐죠.

이때 그의 아내인 요시무라 유이코는 몸에 부담이 되지 않는 화과자를 만들어야겠다고 생각했어요. 비슷한 시기에 당뇨병이나 설탕 섭취에 제한이 있는 사람이 먹을 수 있는 화과자를 찾는 고객들도 생겨났고요. 건강을 중요시하는 시대의 흐름과 요시무라 요시카즈의 개인적인 사정으로 건강한 화과자 브랜드, 요시무라 와가시텐이 탄생한 거예요.

요시무라 와가시텐은 혈당치를 급격하게 상승시키지 않는 성분 그리고 미네랄과 식이섬유가 풍부한 원재료를 사용해요. 단맛을 내기 위해 일반 설탕 대신 코코넛 슈가, 메이플

시럽, 비트 슈가, 팔라티노스 등 혈당지수가 낮은 천연 감미료를 활용하고요. 건강을 생각하는 동시에 화과자로서의 식감이나 색, 모양 등에도 신경 써요. 바삭한 식감과 빠르게 녹는 텍스처, 화려하고 귀여운 디자인 등 화과자로서 손색이 없죠.

카메야 요시나가는 서브 브랜드인 사토미 후지타와 요시무라 와가시텐을 통해 전통적 화과자의 영역을 넘어 새로운 카테고리를 개척했어요. 헤리티지에 근간을 두고 '전통'을 중시하는 본캐로는 쉽사리 닿을 수 없었던 영역이죠. 전통을 이어가면서도 요즘 시대에 존재감을 넓히기 위한 영리한 전략이에요.

망해가던 화과자 전문점이 일어설 수 있었던 힘

지금의 카메야 요시나가는 교토의 젊은 세대, 그리고 교토를 방문하는 외국인들에게도 유명한 곳이에요. 하지만 늘 그랬던 건 아니에요. 한때 카메야 요시나가는 수억 엔의 빚을 지고 매출이 저조해 암울했던 시기도 있었어요. 전통을 고수하는 데에 매몰되어 변화에 대해 눈과 귀를 닫고 있던 때의 일이었어요.

적자를 해소하기 위해 신상품을 개발하려고 하면, '변하지 않는 것이 전통'이라며 내부 장인들이 반발했어요. 대표인 요시무라 요시카즈도 장인들의 편이었고요. 하지만 이때 변화에 대한 의지를 가졌던 건 여주인인 요시무라 유이코예요. 그녀는 반발에도 물러서지 않고 젊은 층이나 여성을 타깃한 신제품들을 조금씩 시도하며 성과를 냈어요.

카메야 요시나가가 벽을 하나씩 넘을 때마다 마이너스가 플러스로 조금씩 바뀌어 갔어요. 작은 성공들이 모여 매출은 상승세에 들어섰고, 빚도 조금씩 청산해 나갔죠. 성과가 나기 시작하자 내부에서도 변화에 대한 인식이 바뀌기 시작했고, 전통을 지키는 방식을 재정비했어요.

이후 카메야 요시나가는 제품뿐만 아니라 만드는 사람에도 변화를 주었어요. 젊은 인재를 채용하는 것은 기본이고, 제조팀과 판매팀에 외국인 사원들을 뽑기도 했어요. 국적도 대만, 캐나다, 칠레 등 다양해요. 새로운 문화와 입맛을 가진 인재들을 내부에 들여 동시대적이면서도 글로벌한 화과자를 만들겠다는 의지가 엿보이는 대목이에요. 다양한 구성원들과 함께 만들어 나갈 화과자 문화는 또 어떤 모습이 될까요? 역사와 전통을 쌓아가면서도 브랜드를 안티에이징할 줄 아는 카메야 요시나가의 미래가 기대되는 이유예요.

10

코에 도넛

도넛 가게의 천장을
대나무 바구니로 수놓은 이유

경영
철학 | **컨셉
기획** | 사업
전략 | 수익
모델 | **브랜딩
마케팅** | 고객
경험 | **디자인**

©시티호퍼스

옷 가게를 만들려다 호텔을 오픈한 브랜드가 있어요. 바로 '코에^{Koe}'예요. 코에는 '새로운 문화를 위한 새로운 기본^{New} $^{Basics\ for\ New\ Culture}$'이라는 컨셉 아래 패션, 베이커리, 카페 등의 영역에서 라이프스타일 비즈니스를 전개하고 있어요. 그런데 어쩌다 패션 매장을 내면서 호텔까지 열게 된 걸까요?

2015년, 코에는 도쿄 시부야에 패션 브랜드 플래그십 스토어를 운영하려고 했어요. 영업시간은 여느 패션 매장처럼 11시에서 20시까지. 그런데 코에의 플래그십 매장 디자인을 의뢰받은 '서포즈 디자인 오피스$^{Suppose\ Design\ Office}$'가 이 영업시간을 듣고는 코에에 역제안을 했어요. 패션 매장뿐만 아니라 호텔을 열자는 거였어요. 호텔 안에 패션 매장을 두면, 영업시간이 24시간인 호텔 덕을 볼 수 있다는 생각이었죠. 동시에 고객에게 코에라는 브랜드를 종합적으로 경험하게 할 수도 있고요.

그렇게 등장한 호텔이 '코에 호텔$^{Koe\ Hotel}$'이에요. 이 호텔은 패션, 음악, 음식, 엔터테인먼트, 여행 등의 요소가 우연한

©코에 호텔

만남을 통해 어우러지는 것을 지향해요. 1층에는 베이커리, 카페, 레스토랑, 바 등 다양한 역할을 겸하는 식음료 업장과 팝업 행사 등을 할 수 있는 다목적 공간 그리고 호텔 리셉션이 있어요. 1층과 2층을 연결하는 넓은 계단은 동선을 자연스럽게 2층의 패션 매장으로 이끌고요. 이러한 구성을 통해 음식을 먹으러 왔다가 패션을 만나고, 음악을 들으러 왔다가 음식을 경험하며, 여행을 하러 왔다가 클럽에서 춤을 추는, 우연하고도 다면적인 경험을 의도했죠.

이번엔 호텔 객실 내부를 한번 볼까요. 10개의 객실이 있는데요. 일본의 다실茶室에서 영감을 받아 고요하고 정갈한 분위기로 디자인했어요. 여기에는 코에가 지향하는 바가 담겨 있어요. '코에声'가 일본어로 목소리를 뜻하는 것처럼, 코에는 내 안의 목소리와 세상의 목소리에 귀 기울이면서 '새로운 기본'을 만들어 '새로운 문화'를 만들겠다는 목표를 갖고 있거든요. 그래서 투숙객들이 호텔의 공용 공간에서는 세상의 목소리를 듣지만, 객실에서만큼은 자신의 목소리에 귀를 기울일 수 있도록 한 거예요.

그런데 2022년 1월, 코에 호텔이 별안간 '체크아웃 파티'를 열었어요. 이름에서 유추할 수 있듯, 코로나19 팬데믹을 이기지 못하고 문을 닫게 된 호텔의 영업 종료 파티였어요. 양일 간 진행한 이 파티에는 수많은 DJ와 고객들이 함께 했어요. 새로운 문화를 꿈꾸던 코에 호텔다운 마지막 모습이었어요. 그렇다면 체크아웃 파티를 끝으로 라이프스타일 브랜드 코에의 여정도 멈춘 걸까요?

코에 호텔은 문을 닫았지만, 아쉬워하긴 일러요. 2018년에 오픈했던 도쿄의 코에 호텔에 이어 2019년에 교토에 문을 연 '코에 도넛Koe Donuts'이 있으니까요. 다행히 코에 도넛은 코로나19 팬데믹을 견뎌내고 성업 중이에요. 심지어 교토 여행객들에게 일본 혹은 교토의 맛을 느끼러 가는 도넛 가게로 유명해졌죠. 코에 도넛은 무엇을 어떻게 했길래 서양의

빵인 도넛으로 전통의 도시인 교토의 명소가 되었을까요?

매장 천장에 브랜드 컨셉을 담아내는 방법

코에 도넛은 첫 번째 매장을 교토에 열었어요. 현재로서는
일본 전역에서 유일한 매장이죠. 도쿄를 중심으로 사업을 전
개하던 코에 브랜드가 도넛 매장의 위치를 느닷없이 교토로
선택한 데는 이유가 있어요. 교토는 일본에서 가장 일본스러
운 도시거든요. '일본스럽다'는 것을 무엇으로 정의하느냐에
따라 다르겠지만, 어떻게 정의하던 간에 교토는 일본 전통문
화의 중심지라고 할 수 있어요.

©시티호퍼스

서울 경, 도읍 도를 쓰는 교토京都라는 이름처럼, 교토는 794년부터 1869년까지 무려 천 년이 넘는 시간 동안 일본의 수도였어요. 당시 일본의 중심으로서 여러 문화가 도시 곳곳에 켜켜이 쌓여 있죠. 게다가 '마치야'라고 불리는 일본의 전통 목조 건축 양식이 가장 많이 보존되어 있는 도시이기도 해요. 생활과 풍경에 전통스러움이 깔려 있는 거예요. 그러니 교토는 일본의 맛을 재해석한 도넛을 판매하기에 가장 적합한 도시였어요. 그런데 이곳에서 도넛 판매만 하는 게 아니에요.

코에 도넛 매장은 갓 만든 도넛을 즐길 수 있는 '체험식

©시티호퍼스

도넛 공장 겸 카페'를 표방해요. 도넛을 사러 온 고객들이 도 넛이 만들어지는 과정을 눈으로 보고 현장에서 먹을 수 있 도록 설계했어요. 오픈 키친 형태로 된 도넛 공방은 공정에 따라 토핑 바^{Topping Bar}, 플로트 팩토리^{Float Factory}, 파우더 팩토 리^{Powder Factory} 등으로 구분되어 있죠. 이렇게 도넛을 만드는 공정을 훤히 들여다볼 수 있으니 도넛에 대한 신뢰도 높아지 고 볼거리도 늘어나요.

공간 구성뿐만 아니라 매장 디자인에도 브랜드 컨셉이 반영되어 있어요. 코에 도넛 매장은 일본을 대표하는 건축가 중 한 명인 '구마 겐고'가 디자인했어요. 그의 건축 철학과 코 에 도넛의 컨셉은 서로 맞닿아 있어요. 구마 겐고는 건물을 지을 지역에서 자연친화적인 소재를 선정해 그에 맞는 건축 디자인을 하는 것으로 유명한데요. 일본의 식재료를 이용해 친환경적인 일본식 도넛을 선보이는 코에 도넛과 닮아 있거 든요. 구마 겐고는 '일본풍', '일본의 정신' 등을 뜻하는 '와^和' 테마 아래, 지역에서 생산한 농산물을 지역에서 소비하자는 운동인 '지산지소^{地産地消}'를 공간 디자인으로 표현했어요.

코에 도넛 매장 천장을 뒤덮고 있는 '대나무 동굴'에 주 목해 볼까요. 대나무 동굴의 주요 소재인 대나무는 모두 교 토의 대표적인 대나무숲 '아라시야마'산이에요. 이 교토산 대나무를, 교토에서 죽세공을 전문으로 하는 '다케사다 상점'과 협업해 572개의 대나무 바구니로 만들었어요. 직조 기술 또한 전통적인 육각 직조 기술을 따랐고요. 매장 디자인에도 교토의 지역성을 반영하니 브랜드 컨셉이 더 입체적으로 살아나죠.

도넛으로 즐기는 '지산지소'의 맛

앞서 설명했듯 코에 도넛은 일본의 식재료를 이용해 친환경적인 일본식 도넛을 선보이는 목표를 가지고 있어요. 이를 매장에 반영한 건 공감이 가요. 그렇다면 도넛에는 이 컨셉을 어떻게 담아냈을까요? 코에 도넛은 유기농^{Organic}, 자연 유래$^{Natually\ Derived}$, 지산지소$^{Local\ Production\ for\ Local\ Consumption}$ 등 3가지 키워드를 바탕으로 도넛을 만들어요. 이미 재료 선정에서부터 친환경, 교토산이나 일본산을 기준으로 삼는 거예요.

이렇게 선정한 재료 자체의 맛을 살리기 위해 조리법은 최대한 심플하게, 가능한 한 매장에서 수작업으로 도넛을 굽는데요. 코에 도넛에는 5가지 종류의 도넛이 있어요. '효모 도넛$^{Yeast\ Donuts}$', '올드 패션드$^{Old\ Fashioned}$', '프렌치 크룰러$^{French\ Cruller}$', '코에^{Koe}', '구운^{Baked}'으로 구분하죠. 앞의 3가지는 서양식 도넛이고, 코에는 코에 도넛에서 자체 개발한 방식으

©시티호퍼스

로, 구운은 말 그대로 튀기지 않고 구워 만든 도넛이에요. 어떤 종류건 간에 일본의 식재료 혹은 일본식 제법을 적극적으로 활용해요.

예를 들어 볼게요. '폭신한 일본 밤 몽블랑' 효모 도넛에는 홋카이도산 밀가루, 교토 미야마산 달걀 등이 들어가요. '와산본 슈가 올드 패션드'는 일본 전통 설탕인 '와산본'을 도넛에 입혔어요. '미타라시 크룰러'는 일본에서 당고에 뿌려 먹는 달콤하고 짭짤한 소스인 미타라시 소스를 프렌치 크룰러에 바른 도넛이고요. 그중에서도 가장 일본스러운 도넛은 코에의 종류 중 하나인 '모찌 모찌' 도넛 시리즈예요. 찹쌀로

©코에 도넛

만든 일본식 떡인 모찌를 도넛으로 만들었을 뿐만 아니라 플
레인 맛을 비롯해 교토산 검은콩, 교토산 말차, 일본산 딸기
등 다양한 일본의 식재료를 첨가한 맛이 있죠.

여기에다가 코에 도넛은 교토의 전통 디저트를 도넛으로
재해석해 한정 메뉴로 출시하기도 해요. 2022년 봄에는 '오
하기 도넛'을 개발했는데요. 오하기는 찹쌀과 멥쌀을 섞어 찐
다음 팥앙금을 묻힌 일본식 경단이에요. 코에 도넛은 수제
팥소로 도넛 반죽을 감싸 오하기 도넛을 만들었어요. 또한
그해 가을에는 둥근 경단 여러 개를 하나의 꼬치에 꽂아 먹
는 '당고'를 도넛으로 재해석한 '당고 도넛'을 선보였고요. 모

찌 모찌 도넛 반죽으로 당고 모양의 도넛을 개발한 거예요. 이때 교토의 차 전문점 '유겐^{Yugen}'과 함께 팥, 말차, 딸기, 초콜릿 등 다양한 식재료를 활용해 6가지 맛을 출시했어요.

특히 당고 도넛은 맛뿐만 아니라 시기적으로도 일본의 문화를 반영했어요. 일본에는 음력 8월 15일$^{양력으로 9월 중순~말}$에 보름달을 구경하는 '츠키미'라는 이벤트가 있어요. 이때 달에게 풍작을 감사하는 마음을 담아 달처럼 둥근 음식인 당고를 만들어 먹죠. 여기서 모티브를 얻어 개발한 당고 도넛은 일본의 젊은 세대와 외국인 관광객들에게 일본 전통문화를 알리는 매개체 역할을 하기도 했어요.

잘 만든 캐릭터 하나, 브랜드 확장의 열쇠가 된다

코에 도넛은 교토라는 지역성을 브랜드 아이덴티티의 중심에 두었지만, 오히려 감각적이고 모던한 브랜드예요. 매장 인테리어와 도넛을 요즘 시대의 눈높이에 맞게 재해석해서이기도 한데, 코에 도넛의 비주얼을 담당하는 캐릭터 덕분이기도 해요. 코에 도넛의 메인 캐릭터는 도넛을 너무 좋아해 머리가 헝클어진 채로 도넛을 들고 있는 '닥터 도넛'이에요. 선으로만 그려져 있어 미니멀하면서도, 도넛 먹는 장면을 위트 있게 표현했죠.

코에 도넛의 캐릭터는 일러스트레이터 '나가바 유^{Nagaba} ^{Yu}'의 작품인데요. 그는 2014년부터 흑백 선으로만 구성된 작품을 그리기 시작했고, 이것이 곧 그의 화풍이 되었어요. 나가바 유의 화풍은 일본의 시티 보이들을 위한 잡지 〈POPEYE〉의 표지를 장식하며 유명해졌어요. 이후에도 가루비^{Calbee}, 컨버스^{Converse} 등 유명 브랜드와의 컬래버레이션을 하면서 인지도를 높여갔죠.

나가바 유는 코에 도넛의 캐릭터를 의뢰받았을 때 '상징적이고 임팩트 있으면서도, 동시에 친근하고 오랫동안 가까이 있어도 거슬리지 않는' 캐릭터를 개발하고 싶었어요. 교

©시티호퍼스

토의 중심지에 위치한 코에 도넛을 대표하는 캐릭터이니, 국내외를 불문하고 많은 사람들이 볼 캐릭터가 될 거라 생각해서죠. 다소 어려운 목표였지만 그의 화풍을 살려 추구했던 바를 빠짐없이 갖춘 캐릭터를 완성했어요.

시선을 사로잡는 코에 도넛의 캐릭터는 매장 홍보대사 역할을 톡톡히 해요. 먼저 매장 안쪽의 벽면에 붙어 있는 닥터 도넛 네온사인은 코에 도넛 매장의 포토 스팟이에요. 포토 스팟 앞에는 코에 도넛의 캐릭터를 활용한 포토 토퍼들이 놓여 있는데요. 사진을 찍을 때 무료로 활용할 수 있어 재미를 더해주죠. 이렇게 포토 스팟에서 토퍼와 함께 찍은 사진들이

SNS를 타고 하나뿐인 코에 도넛 매장의 존재감을 널리 퍼뜨려요.

또한 닥터 도넛은 굿즈의 가치를 높이는 데 도움을 주기도 해요. 코에 도넛의 굿즈는 인기가 좋은데, 그 중심에 닥터 도넛이 있거든요. 단순히 추가 매출을 위한 캐릭터 굿즈를 파는 게 아니에요. 코에 도넛은 굿즈에도 브랜드 철학을 반영하죠. 일회용품 사용을 줄이기 위한 목적으로 에코백, 텀블러 등을 제작하고 머그컵은 친환경적인 방식으로, 티셔츠는 유기농 면으로 만드는 식이에요. 여기에 상징성, 임팩트, 친근함을 두루 갖춘 브랜드의 캐릭터를 활용하니, 별도의 온라인 판매 사이트를 운영할 정도로 어엿한 커머스 비즈니스로 자라잡았어요.

가장 큰 위험은 위험을 감수하지 않는 일

패션 브랜드로 시작한 코에가 도넛 브랜드를 성공적으로 운영할 수 있는 힘은 어디에서 나오는 걸까요? 의류도, 디저트도 모두 '라이프스타일' 영역에 속하지만 엄연히 다른 분야예요. 게다가 일본 전통문화의 산실인 교토까지 가서, 서양식 빵인 도넛을 일본식으로 재해석해 히트치는 건 쉽지 않은 일이죠.

코에의 내공은 리스크를 감수하며 수차례 새로운 시도를 했던 경험에서 나와요. 코에는 코에 도넛이나 코에 호텔 이전에도 라이프스타일 분야에서 새로운 시도를 지속해 왔어요. 2016년에 도쿄에서는 집을 테마로 '코에 하우스'라는 라이프스타일 매장을 운영했죠. 1층에는 유기농 샐러드 및 식료품 가게 '코에 그린'이 있었고, 지하부터 지상 3층에 걸쳐서는 의류, 화장품 등을 판매했어요.

한편 2020년에는 오카야마 시에서 '코에 피자'라는 피자 가게를 열기도 했어요. 코에 피자는 이시야마 공원 내에 있는 아웃도어 피자 가게로, 공원에서 피자를 먹을 수 있는 곳이었어요. 코에 도넛처럼 지산지소를 원칙으로 일본산 식재료를 사용해 요리한 화덕 피자를 판매했죠. 탁 트인 자연경관을 보며 갓 구운 피자를 맛볼 수 있는 곳으로 매장의 컨셉과 공원이 잘 어우러진 곳이었어요.

결과는 어땠냐고요? 아쉽게도 코에 하우스는 2020년 2월에, 코에 피자는 2022년 4월에 모두 문을 닫았어요. 모두 코로나19 팬데믹을 버티지 못하고 영업을 종료한 거예요. 하지만 아깝거나 안타깝다고 생각하진 않아도 괜찮아요. 코에라는 브랜드를 확장하기 위해 시도했던 그간의 경험들이 쌓여 지금의 코에로 성장했을 테니까요. 오히려 아무런 시도도

©클레인 다이탐 아키텍처

©아트리스

하지 않았다면 지금의 코에는 없었을지도 몰라요.

> "코에 호텔은 종료되었지만 라이프스타일 브랜드 코에의
> 사업은 확장되고 있으니 많은 관심 부탁드립니다."

코에 피자와 비슷한 시기에 문을 닫은 코에 호텔이 인스타그램에 마지막으로 올린 포스팅이에요. 폐업 소식을 알리며 끝부분에 덧붙인 말이었죠. 하나의 사업 영역은 쉬어갈지라도, 라이프스타일 브랜드로 확장하고자 하는 코에의 성장은 멈추지 않았다는 혹은 않겠다는 의미예요. 의례적인 인사말 같은 이 멘트도 코에의 포스팅에서 발견하니 무게감이 남달라요. 문을 닫는다는 소식인데도 앞으로 문을 열 곳들이 더 기대되기도 하고요.

하치다이메 기헤이

이런 쌀이라면 드시겠어요?
쌀 시장을 살리는 선넘는 쌀가게

`경영 철학` `컨셉 기획` `사업 전략` `수익 모델` `브랜딩 마케팅` `고객 경험` `디자인`

©시티호퍼스

2023년 3월, 세븐일레븐은 새로운 오니기리 라인업을 추가했어요. '다시마 국물 오니기리', '매실 톳나물 오니기리', '소고기 오니기리', '치리멘 산쇼 오니기리' 이렇게 4가지예요. 신제품이야 늘 나오는 거라 특별하지 않을 수 있지만, 이번 오니기리는 주목해 볼 만해요. 차별점이 속재료나 소스에 있지 않거든요. 신제품인 4종의 오니기리에는 오니기리의 기본이지만 지금껏 주연으로서 주목받지 못했던 '쌀'이 주인공이에요. 심지어 다시마 국물 오니기리는 속재료가 아무것도 들어가지 않았어요.

그렇다면 이미 수많은 오니기리 라인업을 갖추고 있는 세븐일레븐이 쌀을 중심으로 한 오니기리를 출시한 이유는 뭘까요? 편의점 음식에 대한 기준이 높아지면서 오니기리의 맛을 업그레이드할 필요를 느꼈기 때문이에요. 오니기리에서 반찬의 역할을 하는 속재료를 바꾸는 것만으로는 부족했어요. 그건 그냥 가짓수를 늘릴 뿐, 오니기리의 맛을 절대적으로 끌어 올리는 데에는 한계가 있었죠.

이때 세븐일레븐이 찾아간 파트너가 '하치다이메 기헤이'예요. 하치다이메 기헤이는 무려 1787년부터 교토에서 쌀을 판매해 온 쌀가게의 8대손이 만든 브랜드예요. 이 이름의 '하치다'가 일본어로 8대째라는 의미이기도 해요. 하치다이메 기헤이는 그간 쌓아온 쌀에 대한 전문성을 바탕으로 오니기리에 가장 적합한 쌀 종류, 정미 방법, 밥 짓는 기술 등을 연구했어요. 편의점 냉장고에서 꺼내 먹는 오니기리의 특성상, 차게 먹어도 단맛을 내는 쌀 배합을 알아내기 위한 것이었죠. 덕분에 기존 오니기리보다 단맛과 식감이 뛰어난 오니기리를 개발할 수 있었어요.

오니기리 하나에도 정성을 쏟는 하치다이메 기헤이를 보면 쌀에 대한 진심을 알 수 있어요. 쌀 하나로 200년이 넘는 시간을 일궈왔으니 그럴 만도 해요. 하지만 그 시간이 늘 하치다이메 기헤이의 편은 아니었어요. 사람들의 식습관이 변하면서 빵에 밀리고, 면에 치여 쌀 소비량이 점점 줄어들었으니까요. 그럼에도 하치다이메 기헤이가 진심을 잃지 않으며 설 자리를 찾은 비결은 무엇이었을까요?

#1. 쌀을 선정하는 '기준'을 바꿔 유리한 판을 만든다

쌀 소비량이 줄어드는 문제는 심각했어요. 일본도 쌀이 주식

인 나라이지만, 최근의 쌀 소비량은 50년 전에 비해 절반에
도 못 미칠 정도예요. 이러한 시장 환경 속에서 하치다이메
기헤이는 '쌀의 본질'에 대해 고민했어요. 그러고는 쌀에 대
한 상식을 하나씩 뒤엎으며 하치다메이 기헤이만의 유리한
판을 만들어가기 시작했죠.

먼저 '좋은 쌀'을 판단하는 기준에 대한 기존의 틀을 깼
어요. 보통의 경우 도매상들은 유명 산지, 품종, 브랜드 등을
보고 쌀을 매입해요. 물론 이러한 기준으로 쌀을 고르는 것
을 이상하다고 볼 수는 없어요. 하지만 맛있는 쌀을 선별해
내기에는 편협한 기준일 수 있죠. 이 밖에도 토양 환경, 비료
종류, 생산 방식 등 쌀 맛에 영향을 끼치는 요소들이 많기
때문이에요.

그래서 하치다이메 기헤이는 산지에 기대는 대신, 맛있
는 쌀에 대한 자체적인 기준을 세웠어요. 그간 쌓아 온 데이
터베이스를 바탕으로 환경 변화에도 맛이 변하지 않는 지역,
마을, 생산자 등을 찾아냈죠. 그 과정에서 쌀알 사이즈, 농
약 사용 여부, 생산지, 저장고 온도 등 쌀 맛에 영향을 끼치
는 요소들도 엄격하게 살폈고요. 계약 농가에 한해서는 매년
생산자에게 쌀 맛에 대한 피드백도 제공하고 있어요.

선입견 없이 좋은 쌀을 선별했으니, 이제 쌀을 정미할 차

례예요. 정미는 쌀의 껍질을 벗기는 과정인데요. 대부분의 사람들은 '갓 정미한 쌀'이 신선하고 맛있을 것이라고 생각해요. 하지만 쌀의 맛과 식감에 영향을 주는 건 정미한 시기보다 정미하는 방법이에요. 같은 생산지의 쌀이라도 어떤 방식으로 정미하느냐에 따라 다른 맛이 나요. 그런데 보통의 정미소에서는 쌀의 특성이나 맛을 고려하는 대신 뽀얀 쌀을 만들기 위해 효율성을 추구하면서 일괄적인 도정을 하죠. 쌀이 하얄수록 깨끗한 이미지를 주니까요.

반면 하치다메이 기헤이는 독자적이면서도 독보적인 정미 기술을 개발했어요. 먼저 정미 온도. 겨울엔 30도, 여름엔 34도 이하에서 정미를 해요. 일반적인 정미 기준보다 저온에서 정미를 하는 것인데, 이렇게 하면 쌀에 부담을 주지 않아 쌀 본연의 맛을 최대한 끌어올릴 수 있죠. 그 밖에도 쌀에 따라 정미의 압력, 속도 등을 아날로그 방식으로 조절해 쌀의 감칠맛을 살려요.

다음으로는 쌀을 블렌딩하는 기술. 일반적으로 '쌀을 섞는다'고 하면 저품질의 쌀을 보완하기 위한 것이라는 인식이 있어요. 일정 부분 그렇기도 하고요. 하지만 하치다이메 기헤이는 쌀의 풍미를 극대화하는 것을 목표로 쌀을 블렌딩해요. 이렇게 쌀의 단맛과 식감을 이끌어 내면서 동시에 하치다이메 기헤이만의 개성을 갖췄죠. 매년 1천 회 이상의 블렌딩 테이스팅을 하면서 단일 품종으로는 낼 수 없는 섬세한 맛을 찾아내고, 이중 3가지의 블렌딩을 선정해요. 하치다이메 기헤이가 블렌딩한 쌀은 미슐랭 스타 레스토랑, 항공사의 퍼스트 클래스 기내식 등에서 사용할 정도로 인정을 받고 있어요.

#2. 쌀을 소비하는 '맥락'을 바꿔 하얀 쌀을 다채롭게 판다

하치다이메 기헤이가 상식을 뒤엎은 건 쌀 가공 과정뿐만이 아니에요. 쌀을 판매하는 방식도 남달라요. 보통의 경우 쌀은 마트나 쌀가게 같은 오프라인 매장에서 판매해요. 하지만 하치다이메 기헤이는 쌀을 주로 온라인에서 팔아요. 전체 매출의 70%가 온라인 판매에서 나올 정도예요. 단순히 온라인으로 유통 채널의 무게중심을 옮긴 것이 아니라, 쌀을 소비하는 맥락을 바꿨죠.

하치다이메 기헤이의 온라인 숍은 '오코메야Okomeya'예요. 이곳의 가장 큰 특징은 쌀을 '선물'로 포지셔닝한다는 점이에요. 자기소비형 제품으로 쌀을 보는 것을 넘어 남을 위해 구매하는 제품으로 용도를 넓힌 거예요. 선물을 하는 맥락이라면 그 목적에 맞게 쌀이 파고들 틈이 생기고, 심지어 전에

없던 선물의 목적을 만들어 낼 수도 있죠.

시그니처 제품은 '12겹 기모노 만개滿開'. 이 제품에는 12가지 쌀이 각각 12가지 컬러의 기모노 원단으로 포장돼 있어요. 헤이안 시대 사람들이 12겹의 기모노를 입었던 것에서 아이디어를 얻은 제품이에요. 고급스러운 원단과 다채로운 색이 만들어 낸 알록달록함이 눈길을 사로잡아요. 동시에 쌀을 파는 온라인 숍이니 하얀 쌀로 가득할 거란 선입견도 부서지죠.

하이라이트는 이 세트에 포함된 12가지 쌀이에요. 그냥 쌀이 아니라 용도가 다른 12가지 종류의 쌀이 300g씩 들어 있어요. 각 쌀은 주먹밥, 일본 가정식, 서양 음식, 볶음밥, 스시, 돈부리, 죽, 떡 등의 음식에 적합하죠. 그리고 받는 사람이 각 쌀로 맛있게 음식을 요리해 먹을 수 있도록 쌀 마스터의 레시피도 함께 제공해요. 쌀 씻는 방법, 쌀 불리는 방법, 물 높이, 온도, 밥 짓는 시간 등 전문가의 세세한 노하우가 정리되어 있죠. 단순히 쌀을 선물하는 것이 아니라 업그레이드된 식생활을 선물하는 셈이에요.

하치다이메 기헤이는 여기에서 더 나아가요. 선물의 가치를 높이면서, 동시에 선물을 받은 사람도 하치다이메 기헤이의 고객이 될 수 있는 장치를 마련한 거예요. 오코메야에는 '12겹 기모노 만개와 기헤이 쌀 티켓'이라는 세트 상품이 있는데. 이 세트에는 '기헤이 쌀 티켓'이 한 장 추가되었을 뿐인데, 12겹 기모노 만개 상품보다 가격이 2배나 비싸요. 그렇다면 기헤이 쌀 티켓의 정체는 무엇일까요?

기헤이 쌀 티켓은 12가지 쌀을 맛본 고객이 그중 마음에 드는 쌀을 체크해 하치다이메 기헤이에 보낼 수 있는 엽서예요. 이 엽서를 받은 하치다이메 기헤이는 고객이 선택한 쌀의 2kg 또는 2.5kg짜리 2포대를 고객의 집으로 배송해줘요. 선물한 사람이 지불한 금액에는 12가지 쌀 샘플러에 더해 2포대의 쌀 가격이 포함되어 있는 거예요. 다만 어떤 쌀을 먹을지는 선물 받는 사람이 고를 수 있고요. 이처럼 기헤이 쌀 티켓 덕분에 선물 받은 사람과 하치다이메 기헤이 간의 접점이 생겨나요. 하치다이메 기헤이의 맛있는 쌀을 경험해본 사람이라면 그 후에도 하치다이메 기헤이의 쌀을 주문할 가능성이 커요. 한번 올라간 맛의 기준은 다시 내려오기가 어렵거든요.

이 밖에도 하치다이메 기헤이가 준비한 선물 세트는 다양해요. 결혼 축하, 출산, 이사, 새해 맞이, 입학 등 축하할 일이 있을 때 쌀을 선물할 수 있게 구성해 뒀죠. 각 선물 목적에 맞게 포장을 바꾸기도 하고, 리락쿠마, 헬로키티 등 캐릭터와 컬래버레이션을 하기도 하고요. 하치다이메 기헤이의 다양한 선물 라인업은 목적별, 가격대별, 시리즈별 등 원하는 기준에 따라 찾아볼 수 있어요.

여기에다가 시의적절하게 선물 욕구를 자극하기도 하는데요. 예를 들어 코로나19 팬데믹 기간에 서로 떨어져 사는 가족과 자주 만나지 못하는 상황을 고려해 '가족을 연결해주는 쌀'이라는 컨셉의 '시오쿠리 쌀'을 선보인 적이 있어요. 시오쿠리 쌀은 교토 예술 대학교^{Kyoto University of Arts} 학생들과 함께 개발한 제품으로, 멀리 떨어져 사는 자녀가 밥은 잘 챙겨 먹고 다니길 바라는 부모의 바람을 담았어요. 이 역시 12

가지 쌀로 구성되어 있고, 각 쌀에는 '밥은 잘 먹고 다니니?' 등과 같은 애정 섞인 잔소리들이 적혀 있죠. 늘 자식을 걱정하는 부모의 마음이 담긴 선물이에요.

#3. 쌀을 경험하는 '수준'을 바꿔 쌀의 숨은 매력을 알린다

하치다이메 기헤이의 쌀에 대한 전문성을 온라인에만 남겨두기에는 아쉬워요. 온라인에서 쌀을 주문해 직접 밥을 지어 먹지 않으면 그 뛰어난 맛을 알 수 없으니까요. 그래서 쌀가게라는 스스로의 틀을 깨고 나와요. 하치다이메 기헤이가 파는 궁극의 쌀을 경험할 수 있는 식당 '코메 료테이Kome Ryotei'를 연 거예요.

코메 료테이는 교토 기온에 하나, 도쿄 긴자에 하나가 있는데요. 각각 2009년과 2013년에 자리를 잡았어요. 지점에 따라 메뉴 구성은 다르지만 기본적으로 점심 메뉴는 쌀밥, 메인 요리, 여러 가지 반찬이 함께 나오는 한상차림이에요. 계절마다 그 시기에 가장 맛있는 쌀로 밥을 짓고, 제철 식재료를 활용해 요리와 반찬을 내놓으면서 메뉴에 변주를 줘요.

점심의 한상차림도 맛있지만 코메 료테이의 시그니처는 저녁 메뉴예요. 11가지 요리가 나오는 가이세키[7]로, 일본 최초의 '쌀 가이세키'예요. 11가지 요리는 매월 1일 업데이트하

7 일본식 코스요리를 의미해요.

는데 원칙이 있어요. 11가지 요리에 모두 쌀을 포함시키는 거예요. 쌀로 주조한 코메 료테이의 오리지널 사케를 시작으로 8종의 쌀을 끓여 요리한 죽, 쌀로 만든 소스를 곁들인 야채, 쌀을 쥐어 내주는 스시 등 주연과 조연을 넘나드는 쌀의 향연이 펼쳐져요. 궁극의 쌀맛은 물론이고 쌀의 새로운 가능성을 보여주는 거죠.

코메 료테이는 음식 메뉴뿐만 아니라 매월 '이달의 쌀'을 선정해요. 그중 하나는 '오코메 반주케'에서 수상한 쌀이에요. 오코메 반주케는 하치다이메 기헤이가 2013년부터 매해 개최해 온 쌀 대회인데요. 29명의 공인된 쌀 마이스터^{Rice}

Meister가 7가지 기준으로 총 8가지의 쌀을 선정하죠.

이 대회는 유명세나 산지에 대한 선입견 없이 맛있는 쌀을 발굴하고, 그 쌀이 주목받을 수 있는 기회를 마련하기 위해 시작했어요. 여기서 수상한 쌀은 코메 료테이뿐만 아니라 하치다이메 기헤이를 통해 다른 유통 채널로도 납품돼요. 맛있는 쌀을 생산하는 농가는 품질을 인정받을 수 있을 뿐만 아니라 판로를 개척할 수 있는 거예요. 이처럼 코메 료테이는 일본 전역의 장인정신을 가진 쌀 생산자들과 상생해요.

코메 료테이 교토 기온점, 도쿄 긴자점 모두 오픈한 지 10년이 넘었어도 여전히 사람들이 줄을 서서 먹어요. 쌀에 대한 전문성을 바탕으로 밥을 짓고, 쌀이 들어간 요리를 하니 맛이 다를 수밖에요. 또한 메뉴를 구성하는 큰 틀과 쌀에 대한 원칙은 유지한 채 정기적으로 새로운 맛을 선보이기 때문에 단골 고객도 많고요. 게다가 식당에서 요리에 사용한 쌀도 판매하죠. 하치다이메 기헤이의 쌀을 경험하고 소비하는 전초기지 역할을 톡톡히 하는 셈이에요.

쌀가게 이상의 쌀가게, 쌀 시장의 혁신을 꿈꾸다

하치다이메 기헤이의 창업자 이름은 '하시모토 기헤이'예요. 200년 넘는 시간 동안 쌀가게를 운영하던 기헤이 가문의 장남이었죠. 그런데 그는 왜 가업을 그대로 잇지 않고 2006년에 하치다이메 기헤이라는 새로운 회사를 세운 것일까요? 그는 단순히 쌀가게를 운영하고 싶었던 게 아니에요. 일본 쌀의 현주소를 바꾸고, 현실을 개선하는 데에 뜻이 있었어요.

하치다이메 기헤이를 론칭하기 전, 그는 일본 쌀 산업을 보면서 실망감이 들었어요. 쌀 소비량이 줄어드는 데도 창의적인 시도가 없을 뿐더러, 쌀 생산이나 유통에서도 맛이나 품질보다는 효율성을 추구하는 방향으로 흘러가고 있었으니까요. 그는 이런 현실을 바꾸기 위해서는 과거의 상식과 관습에 얽매이지 않고 자유로운 발상을 해야 한다고 생각했어요.

하시모토 기헤이는 눈에 띄지는 않지만 맛있는 쌀을 생산하기 위해 독창성을 발휘하는 농가들이 위기의 쌀 산업을 지탱하고 있다고 봤어요. 그리고 이런 생산자들의 무대를 만들고, 그들과 함께 맛있는 쌀을 널리 알리는 것이 하치다이메 기헤이가 해야 할 일이라고 정의했어요. 하치다이메 기헤이가 평범한 쌀가게로 남기를 거부하면서, 쌀을 소재로 새로운 일들을 벌이는 이유예요.

아직 충분하지는 않아요. 쌀 소비량도 더 늘어나야 하고, 맛있는 쌀에 대한 관심도 더 높아져야 하죠. 하지만 중요한 건 하치다이메 기헤이의 눈에 보이는, 혹은 눈에 보이지 않는 노력이 쌀 시장의 룰을 조금씩 바꾸고 있다는 사실이에요. 혁신은 기적이 아니라 선넘는 기획과 꾸준한 행동이 만들어내니까요.

우사기노네도코

신비한 광물의 세계를,
한 그릇의 디저트로

**경영
철학** **컨셉
기획** **사업
전략** **수익
모델** 브랜딩
마케팅 고객
경험 디자인

©우사기노네도코

어른에게도 '애착 인형'이 필요할까요? 아이는 애착 인형을 안고 있으면 부모와 떨어져 있을 때도 정서적 친밀감을 느껴요. 안도감이 형성되면서 스트레스를 완화하는 효과도 있고요. 어른이라고 다르지 않아요. 심리적으로 불안정할 때 마음을 다스릴 수 있는 물건이 있다면 도움이 되죠. 그렇다고 아이처럼 애착 인형을 가지고 다니기엔 어른스럽지 않아 보여요. 그래서 그 대안으로 떠오른 게 하나 있어요. 바로 '힐링 스톤Healing Stone'이에요. 돌, 더 정확히는 광물을 통해 심신의 안정을 찾는 거예요.

2023년 12월 현재, 틱톡에서 #healingstones라는 해시태그는 무려 4,660만 개. 연관 해시태그 수까지 합치면 5,470만 개에 다다라요. 힐링 스톤을 자랑하거나, 힐링 스톤의 효능 혹은 힐링 스톤 페어링 등에 대해 이야기를 하는 숏폼 영상들이 끝을 모르고 이어지죠. 그뿐 아니라 아델, 빅토리아 베컴, 벨라 하디드 등 셀럽들이 힐링 스톤을 가지고 다닌다는 자기고백을 하면서 인기가 더 높아졌어요.

그런데 광물로 힐링을 하는 방식은 최근의 트렌드가 아니에요. 동서양을 막론하고 광물과 인간의 관계는 오래됐죠. 고대 이집트에는 수정을 얼굴에 문지르고, 중국에서는 7세기부터 옥으로 마사지를 했다는 기록이 있을 정도니까요. 긴 시간에 걸쳐 전해진 광물의 힘을 바탕으로 오늘날에는 '젬 테라피Gem Therapy', '리토테라피Lithotherapy' 등의 전문 영역도 생겨났고요.

광물의 효능이 과학적으로 증명되진 않았어요. 미신에 불과한 건지, 밝히지 못한 과학의 영역인지 아직도 의견이 분분해요. 하지만 광물에 심리적 효과가 있다는 건 분명해요. 전 세계의 수많은 사람들이 SNS 등을 통해 간증을 하고 있듯이, 오묘한 색의 반짝이는 광물을 보는 것만으로도 정서적 안정을 찾는 데 직간접적인 도움이 되니까요. 설령 그게 플라시보 효과에 불과할지라도요.

이처럼 광물엔 힐링이라는 새로운 쓸모가 있는데요. 교토에는 광물의 쓸모를 더 반짝이게 한 매장이 있어요. 바로 '우사기노네도코'예요. 우사기노네도코는 원석인 광물을 판매하기도 하지만, 이는 일부에 불과해요. 광물을 소재로 다양하면서도 유니크한 제품을 만들거든요. 심지어 광물을 디저트로도 맛볼 수 있어요. 광물이 아닌 제품도 만날 수 있고

요. 이것저것 다 파는 잡화점 아니냐고요? 그렇다고 하기엔 컨셉이 분명해요.

#1. 큐브가 된 광물 - 투명하게 포착한 자연의 아름다움

'자연의 조형미를 전한다.'

우사기노네도코의 컨셉이에요. 이곳에서는 광물뿐만 아니라 식물과 동물이 가지는 아름다움을 제품으로 표현해 판매해요. 자연이 빚어낸 조형물은 세계에 하나뿐인 예술인데,

시간에 쫓기는 일상에서는 그 아름다움을 무심코 지나치기 쉬워요. 그래서 우사기노네도코는 축복과도 같은 자연의 아름다움을 일상에서 쉽게 누릴 수 있도록 각종 라이프스타일 제품부터 먹거리까지 여러 영역을 아우르는 거예요.

우사기노네도코의 대표적인 제품을 살펴볼까요? 브랜드 정체성이 담긴 제품은 '솔라 큐브^{Sola Cube}'예요. 이 제품은 우사기노네도코가 제안하는 자연의 조형미 그 자체를 품고 있어요. 솔라 큐브의 '솔라'는 '우주'를 의미하는데요. 우주는 광물을 은유하는 메타포^{Metaphor}예요. 광물은 우주와 역사를 함께했으니까요. 솔라 큐브는 이러한 광물을 정육면체의 큐브 안에 담았어요. 광물 그대로의 결, 형태, 반짝임 등 자연스러운 아름다움을 있는 그대로 보존하죠.

우사기노네도코는 솔라 큐브를 광물에만 한정하지 않아요. '자연'의 의미를 살려 솔라 큐브 안에 꽃잎, 열매, 씨앗 등을 고이 모셔두기도 해요. 이렇게 하니 평소에 거리를 오가며 무심코 지나쳤던 식물의 요소들을 감각적이면서도 생생하게 감상할 수 있어요. 또한 우사기노네도코는 광물과 식물뿐만 아니라 미생물의 세계를 표현하기도 하는데요. 그렇다면 눈에도 보이지 않는 미생물을 어떻게 큐브에 넣어 보일 수 있게 하는 것일까요?

미생물을 현미경으로 관찰하는 것부터 시작해요. 이렇게 현미경으로 관찰한 미생물을 사진으로 남겨요. 그러고는 이 사진을 바탕으로 3D 모델링을 해요. 그 후 투명도가 높은 광학 유리 내부에 레이저로 조각해 완성하죠. 현미경으로 확대해 들여다본 세계를 3D로 구현해 보이지 않던 아름다움을 시각화하는 거예요. 이처럼 우사기노네도코는 광물, 식물, 미생물 등을 솔라 큐브에 담아 자연의 조형미를 전하고, 이를 간직할 수 있도록 했죠.

#2. 디저트가 된 광물 - 시각의 영역에서 미각의 영역으로

솔라 큐브는 자연의 아름다움을 생생하게, 그리고 영구적으로 구현했어요. 덕분에 순간의 아름다움을 언제나 감상할 수 있게 됐죠. 하지만 아무리 정교하게 결과물을 만든다 해도, 여전히 감상하는 대상에 지나지 않아요. 그래서 우사기노네도코는 매장 옆의 다른 공간에서 광물을 한 번 더 진화시켜요.

2015년 9월, 우사기노네도코는 본점 옆에 카페를 오픈했어요. 자연의 조형미를 전하는 브랜드답게 매장에 솔라 큐브를 비롯해 각종 광물, 식물 등의 표본이 전시되어 있어요. 벽이나 선반은 물론, 심지어 테이블도 유리로 투명하게 제작해 테이블에서도 자연의 조형물을 감상할 수 있도록 했죠. 자연의 조형물을 카페의 인테리어 요소로 활용해 사람들이 부담 없이 즐길 수 있도록 구성한 공간이에요.

하지만 인테리어는 거들 뿐. 이 카페의 진가는 메뉴에 있어요. 눈으로 감상하던 광물이 입으로 맛보는 디저트, 음료, 심지어 식사로 변신하거든요. 메뉴 이름도 '블루 쿼츠 크리스탈 파르페Blue Quartz Crystal Parfait', '청금석 오페라 케이크Lapis Lazuli Opera Cake', '형석 과일 펀치Fluorite Fruit Punch', '붉은 광물 카레' 등으로 지어 호기심을 자극해요.

©시티호퍼스

　음식의 비주얼은 각 메뉴의 이름 속 광물과 싱크로율이 높아요. 식재료를 활용해 광물의 색과 형태를 그대로 구현했거든요. 예를 들어 블루 쿼츠 크리스탈 파르페는 반투명한 파란색 킨교쿠칸[8]으로 블루 쿼츠를, 그 아래에 투명한 젤리를 깔아 결정들을 표현했어요. 베이스가 되는 부분은 블루베리, 코코넛 푸딩, 슈트로이젤 등을 층층이 쌓아 지층을 나타냈고요.

　맛과 비주얼은 기본이고 디저트를 즐기는 방법에서도 창작자의 고민이 묻어나요. 예를 들어 블루 쿼츠 파르페를 주문하면 빛을 쏠 수 있는 미니 레이저 포인터를 같이 서빙해

8　일본식 투명 화과자로 우무와 설탕을 고아 식힌 뒤 모양 틀에 부어 양갱이나 젤리 형태로 굳힌 것을 말해요.

줘요. 이 포인터로 파란색 킨교쿠칸에 레이저를 쏘면 마치 실제 블루 쿼츠가 반짝이는 것처럼 보랏빛으로 반짝거려요. 광물을 디저트화하는 것을 넘어 디저트의 시각적 아름다움을 극대화하는 장치예요.

주말에만 한정 수량으로 주문할 수 있는 메뉴도 있는데요. 여러 가지 광물 디저트를 한 번에 맛볼 수 있는 '여러 가지 광물 디저트Assorted Mineral Dessert'예요. '지르콘 브라우니', '카반사이트 레몬 케이크', '자수정 판나코타', '가든 쿼츠 티라미수' 이렇게 4가지 디저트가 포함되어 있어요. 한편 우사기노네도코 카페의 한 켠에는 지르콘, 카반사이트, 자수정,

가든 쿼츠 표본들이 투명한 용기에 담겨 전시되어 있어 실제 광물과 비교해가며 디저트를 맛보는 재미가 있죠.

또한 우사기노네도코는 더 많은 사람들이 광물 디저트를 즐길 수 있도록 집에서 온라인으로 주문할 수 있는 '크리스탈 록 케이크', '대리석 마카롱' 등도 판매하고 있어요. 이 밖에도 수시로 신메뉴를 선보이는데요. 신메뉴 출시에 속도감을 더하고 완성도를 높이기 위해 전문 브랜드와 협업을 하기도 해요. 광물을 모티브로 일본식 화과자를 만드는 '하라페 콜라보'와 협업해 계절 또는 기념일에 맞춰 출시하는 '코부츠 오카시' 세트가 대표적이에요.

이처럼 우사기노네도코의 디저트는 하나같이 다채롭게 반짝이는 광물의 아름다움을 품고 있어요. 덕분에 광물의 설 자리가 시각의 영역에서 미각의 영역으로 넓어졌죠. 광물을 감상하는 사람은 적을지 몰라도 디저트를 안 먹는 사람은 드물기 때문에 저변이 넓혀진 것은 물론이고요.

#3. 예술이 된 광물 - 가격에 '0' 하나를 더 붙이는 비결

우사기노네도코의 디저트 메뉴는 유니크한 매력이 있어요. 하지만 판매하는 주요 제품이 식음료이고, 광물에 대한 문턱을 낮추기 위해 문을 연 공간이라 가격대가 높지 않아요. 광물을 모티브로 디자인한 파르페나 케이크는 1만원대, 음료는 7~8천원 정도에 판매하고 있죠. 일반 카페보다 약간 더 비싼 수준이에요.

매장에서 판매하는 제품들은 어떨까요? 대표 제품인 광물 솔라 큐브는 대부분 5천엔~1만 5천엔^{약 5~15만원} 사이에 판매하고 있어요. 가장 비싼 제품이 2만 2천엔^{약 22만원} 선이죠. 식물이 들어간 솔라 큐브는 그보다 낮은 4~8천엔^{약 4~8만원} 정도예요. 그 외에 원석이나 주얼리 등은 대부분 1만엔^{약 10만원} 이하고요.

이런 우사기노네도코에서 수십만원, 비싸게는 백만원이 훌쩍 넘는 제품들이 모여 있는 곳이 있어요. 카페 바로 위, 2층에 위치한 갤러리예요. 우사기노네도코 갤러리는 매장에서 전하기 어려운 자연의 조형미나 작가의 작품을 전시하고 판매하는 공간이에요. 여느 갤러리처럼 하얗고 깨끗한 공간에 예술품들이 한 점씩 주목을 받게끔 전시되어 있죠.

2022년 7월에 처음 문을 연 이 갤러리는 여전히 '자연의 조형미'라는 큰 주제 안에서 반짝이는 시도를 해요. 전시의 형태도 다양한데요. 보통의 경우에는 하나의 테마 아래 여러 작가들의 작품들을 큐레이션해요. 첫 번째 전시는 '무색투명'을 주제로 작품과 표본을 모아 선보이는 전시였어요. 투

명한 작품을 통해 마치 시간이 멈춘 것 같은 체험을 하길 바라는 의미였죠. 이후 '돌', '식물' 등과 같은 단일 주제로 다양한 작가나 스튜디오의 작품, 그리고 우사기노네도코만의 관점을 보여주는 전시가 계속됐어요.

그뿐 아니라 우사기노네도코는 자신만의 관점을 보여주는 기획 전시를 열기도 해요. 그 첫 번째 시도가 '포머테리얼FORMATerial'이에요. 포머테리얼은 매번 하나의 테마를 정하고, 어느 형태나 형식Format에 맞는 물건Material을 큐레이션하는 전시예요. 새로운 관점으로 일상에서는 눈에 잘 띄지 않던 물건의 개성이나 매력을 이끌어내고, 보이지 않던 가치를 조명하려는 의도로 기획한 전시죠.

2023년에는 '10cm 각에 맞는 물건'이라는 테마로 포머테리얼 기획전을 열었어요. 가로, 세로 각각 10cm의 정방형 네모 안에 들어갈 수 있는 제품들을 모으는 전시였어요. 디자이너, 아티스트, 바이어 등 19팀의 크리에이터들에게 출품을 부탁해 500점이 넘는 작품들을 모았어요. 크기가 10cm로 제한되어 있기 때문에 각 아이템의 개성이 하나 하나 돋보이는 효과가 있었죠.

또한 우사기노네도코는 공통점이 있는 외부 작가나 스튜디오와 컬래버레이션해 새로운 예술품을 탄생시키기도 해

요. 최근에는 디지털 기술로 새로운 공예품을 창작하는 '신 공예사'와 함께 협업 전시를 열었어요. 신공예사의 대표작 중 하나인 '노세모노' 시리즈를 우사기노네도코의 관점으로 재해석한 전시였죠. 노세모노 시리즈는 돌과 같은 자연물을 3D로 스캔하고, 그 표면에 시계, 화병, 조명 등 인공적인 요 소를 붙여 만드는 거예요. 인공물이 자연물에 '기생'하는 것 처럼 보이는 조형미를 갖고 있죠.

　우사기노네도코와의 협업 전시에서는 우사기노네도코가 선별한 광물들을 활용해 노세모노 시리즈를 선보였어요. 원 래는 투박한 돌이 있었던 자리를 반짝이는 광물들로 대체하니 독특한 매력을 가진 작품이 탄생했죠. 이처럼 자연과 인공, 아날로그와 디지털이 조화를 이루는 작품들은 높은 몸값을 자랑해요. 조명은 90~120만원, 시계는 80만원대, 테이프 커터가 60~70만원대, 그나마 저렴한 화병이 30~40만원대예요. 기능적 가치를 넘어 예술적 가치를 부여하자 가격에 0이 하나 더 붙을 수 있는 거죠.

이러한 우사기노네도코의 예술성은 외부에서 먼저 인정받았어요. 일찌감치 우사기노네도코의 예술적 가능성을 알아본 갤러리, 뮤지엄 등에서 꾸준하게 광물을 소재로 한 작품들을 의뢰했거든요. 예술 분야에서 스스로의 가능성을 알아본 우사기노네도코는 자체 갤러리를 통해 보다 주체적으로 예술성을 선보일 수 있게 됐어요. 덕분에 취급하는 제품의 가격대도 올라갔고요. 가격이 전부는 아니지만, 스스로의 가치를 높이는 건 비즈니스적으로 현명한 판단이죠.

10년의 역사를 만드는 1%의 힘

'자연물의 광고점'

창업자 요시무라 고이치가 우사기노네도코를 정의한 말이에요. 우사기노네도코 매장이 자연의 아름다움을 사람들에게 알리는 광고판이라는 의미죠. 2012년부터 11년째 초심을 잃지 않고 한 자리를 지키는 매장이니, 자연에게 이만한 광고판도 없어요. 그런데 그는 어떤 연유로 자연물의 광고점을 열어야겠다는 생각을 했을까요?

원래 그는 도쿄에 있는 광고회사의 카피라이터였어요. 회사를 다니면서도 언젠가는 자기만의 물건을 만드는 꿈을 갖고 있었죠. 그러던 어느 날 풍나무 열매를 보다가 그 아름다움에 매료되었는데요. 그때, 언젠가 자신이 물건을 창작한다 하더라도 자연의 아름다움을 뛰어넘을 수는 없겠다는 판단이 섰어요. 그럴 바에야 자연의 아름다움을 가져와 사람들에게 전달하자고 마음 먹었죠.

그래서 그는 2007년부터 회사를 다니면서 최초의 솔라 큐브인 민들레 솔라 큐브를 만들어 온라인으로 판매하기 시작했어요. 그러다 2011년, 본격적으로 자신의 꿈을 이루기 위해 퇴사를 하고 고향인 교토로 돌아와 이듬해에 지금의 우사기노네도코를 만들었어요. 그렇게 도쿄에서 클라이언트를 위한 광고를 만들던 그가, 교토로 돌아와 자연의 아름다움을 위한 광고회사를 차린 셈이에요.

당시 70년이 넘은 마치야를 개조해 1층에는 상점을, 2층에는 숙박 시설을 열었어요. 이 숙박 시설은 '야드'라는 이름으로 아직도 운영 중인데요. 하루 1팀만 숙박할 수 있는 작은 숙소예요. 이곳에서는 솔라 큐브를 인테리어 요소로 활용해 고즈넉한 마치야에 녹아든 솔라 큐브의 매력을 느낄 수 있어요. 하지만 처음부터 가게도, 야드도 잘 되었던 건 아니었어요. 개업 후 첫 일주일 동안은 손님이 한 명도 없었죠. 조급할 법도 한데, 그가 회상하는 당시의 마음가짐은 비즈니스를 새롭게 펼쳐가는 사람들이 참고할 만해요.

> "개업 후 첫 주 동안 아무도 오지 않았지만 서두르지 않았어요. 진짜 마음에 드는 걸 만들면 100명 중 1명은 공감해 줄 것이라고 믿었기 때문이에요."

〈엘매거진Lmagazin〉과의 인터뷰에서 그가 창업 초기를 떠올리며 한 말이에요. 당장에 여러 사람은 아닐지라도, 100명 중 1명이라도 공감하는 사람이 있다면 그 공감의 크기를 키워나갈 수 있다는 의미예요. 중요한 건 반응의 속도가 아니라 공감의 밀도니까요. 이러한 믿음이 그가 흔들리지 않았던 밑바탕이 되기도 했지만, 어쩌면 힐링 스톤이 그의 마음에 평온을 주었던 건 아닐까요.

13

쿠모노차

뜬구름을 잡아라,
망해가는 카페를 뜨게 만든 승부수

경영 철학	컨셉 기획	사업 전략	수익 모델	브랜딩 마케팅	고객 경험	디자인

©쿠모노차

영국에는 '구름 감상 협회^Cloud Appreciation Society'가 있어요. 이게 무슨 만화에나 나올 법한 단체인가 싶지만, 실존 인물인 '개빈 프레터피니^Gavin Pretor-Pinney'가 2005년에 만든 단체예요. 그는 스스로를 '구름 한 점 없는 파란 하늘'을 추종하는 사람들에 맞서는 구름 추적자라고 소개해요.

그는 어릴 때부터 구름에 빠져 지냈어요. 어른이 된 지금도 여전히 구름 감상이 취미예요. 물론 구름에 대한 지식도 해박하고요. 옥스퍼드 대학교를 졸업한 후에 센트럴 세인트 마틴스 종합 예술 대학교에서 그래픽 디자인을 전공했지만, 그는 현재 구름을 연구하고 감상하면서 덕업일치의 삶을 살고 있어요. 화려한 스펙과 구름에 대한 남다른 사랑 덕분에 BBC의 다큐멘터리에도 출연했고, TED 글로벌에서 강연도 했어요. 구름을 주제로 한 저서도 몇 권이 있는데, 그중《구름관찰자를 위한 가이드^The Cloudspotter's Guide》는 영국에서만 20만 부가 넘게 팔렸어요.

구름 감상 협회를 만든 거야 누구나 마음만 먹으면 할 수 있지만 누가 함께 하겠냐고요? 그가 이끄는 구름 감상 협회에는 현재 120개 국가에서, 5만 명 이상의 회원이 가입해 있어요. 그리고 이 협회에는 구름을 사랑하는, 다양한 국적의 회원들을 한마음으로 연결하는 선언문^{Manifesto}이 있는데요. 몇 가지 재밌는 선언들을 들어볼게요.

"우리는 우리가 발견하는 모든 곳에서 '푸른 하늘 사고 Blue-Sky Thinking'와 싸울 것을 맹세합니다. 구름 한 점 없는 단조로움을 매일 올려다봐야 한다면 인생은 따분할 것입니다."

"우리는 구름이 몽상가를 위한 것이며 구름의 사색이 영혼을 이롭게 한다고 믿습니다. 구름을 보는 모든 사람들은 정신과에 낼 돈을 절약할 수 있습니다."

"그래서 우리는 모든 사람들에게 이렇게 말합니다. '하늘 위를 올려다보며 덧없는 아름다움에 감탄하고 머리를 구름 속에 두고 사는 것을 잊지 마세요.'라고요."

- 구름 감상 협회의 선언문 중

구름 감상 협회의 선언문을 보면, 구름을 감상하는 것만으로도 사람들이 정서적 안정이 생긴다는 것을 알 수 있어요. 구름은 과학적 관점에서는 그저 수증기가 하늘에 떠 있는 현상일 뿐이지만, 사람의 심리에 끼치는 영향은 훨씬 유의미하죠. 정서적 관점에서 구름 감상은 하나의 괜찮은 취미이자, 가치를 가지는 일이에요. 여기에 전 세계 5만명 이상의 사람들이 동참하고 있고요.

이처럼 구름을 감상하는 것도 좋지만, 구름을 먹어보는 것은 어떨까요? 다소 황당한 상상일지 몰라요. 그러나 누구나 어릴 적 한 번쯤 꿈꿨던 '구름 먹기'를 실현할 수 있다면, 구름을 감상하는 것만큼이나 낭만적인 경험이 될 거예요. 교토에는 이 발칙한 꿈에 도전해 볼 수 있는 곳이 있어요. 구름 감상 협회에서 주장하듯, 구름의 정서적 효과를 살려서 구름을 '힐링'의 소재이자 브랜드 컨셉의 핵심으로 재해석한 찻집이 있거든요. 구름을 감상하는 것뿐만 아니라 구름을 먹고 마실 수 있도록 하면서요. 바로 하늘의 구름보다 더 달콤한 구름을 만날 수 있는 곳, '쿠모노차'예요.

언어로 설명하는 대신 이미지로 은유한다

쿠모노차에서 '쿠모'는 구름을 뜻해요. 한국어로 '구름 차'라

는 의미죠. 구름은 쿠모노차의 브랜드 컨셉을 은유적으로 드러내는 소재예요. '교토에서 마음을 달래주는 차 한 잔'이 쿠모노차의 컨셉이거든요. 쿠모노차가 스스로를 소개하는 글의 일부를 보면 더 구체적으로 이해할 수 있어요.

"인생은 항상 잘되는 것만은 아닙니다. 잠시 생각을 내려 놓고 쿠모노차와 함께 편안한 시간을 보내세요. 부드러움이 입안에 퍼집니다. 단맛, 쓴맛, 이 모든 순간을 잡으려고 노력하세요."

이처럼 쿠모노차는 사람들이 차 한 잔으로 마음을 달래고, 편안한 시간을 보내면서 힐링하기를 바라는 곳이에요. 하지만 쿠모노차는 매장 어디에서도 힐링을 언어로 표현하지 않아요. 다만 구름으로 은유하여 힐링의 '기분'을 전달하죠. 그래서 매장 곳곳에서 구름을 마주할 수 있어요.

우선 쿠모노차는 로고와 인테리어 디자인에 구름의 이미지를 적극적으로 활용해요. 먼저 음료 컵 모양의 로고 윗부분을 구름으로 디자인했어요. 시각적 효과 덕분에 쿠모노차에서 음료를 한 잔 마시면 마치 구름을 마시는 듯한 기분이 들죠. 또한 매장 외관, 매장 조명, 매장 벽 곳곳에다 구름

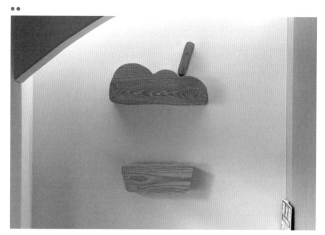

을 모티브로 한 오브제들을 띄워놓았어요.

다음으로 디저트와 음료에도 구름을 담아냈어요. 시그니처 메뉴인 '쿠모노무스'는 몽글몽글한 구름의 형태는 기본이고, 폭신한 구름의 질감을 살린 무스 케이크인데요. 겉은 초콜릿으로 얇게 감싸 구름의 모양을 유지하면서, 안에는 부드러운 말차 무스를 가득 채웠어요. 쿠모노무스는 어느 각도로 봐도 구름처럼 보이는데요, 먹기 전에 보기만 해도 기분이 누그러지거나 가벼워지도록 의도한 거예요.

쿠모노무스뿐만 아니라 카페 라떼 등 라떼 아트가 가능한 메뉴, 그리고 프라페 등 데코가 가능한 메뉴에도 구름 모

양의 디자인을 활용해요. 음료를 캔버스 삼아 그 위에 구름을 그리는데 우유로 구름을 그리는 정도가 아니에요. 거품으로 한 땀 한 땀 구름을 만들어 볼록한 질감을 구현하죠. 라떼를 마시기 위해 잔을 들어 올렸을 때 구름 거품이 살짝 흔들려, 마치 하늘의 구름 한 모금을 마시는 듯한 기분도 들어요.

일관성은 기본, 컨셉에 어울리는 변주가 필요하다

쿠모노차에서는 구름을 먹고 마시는 것만으로도 마음이 포근해져요. 그런데 힐링도 같은 식으로 반복하다 보면 무뎌지

KUMONOCHA CAFE KYOTO BUKKO

KUMONOCHA CAFE KYOTO BUKKOJI

©시티호퍼스

©쿠모노차

©시티호퍼스

지 않을까요? 그래서 쿠모노차는 계절감을 활용해 다채로운 힐링을 경험할 수 있게 했어요. 계절마다 그 계절의 식재료로 계절을 느낄 수 있는 기간 한정 메뉴들을 선보이면서요. 예를 들어 봄에는 벚꽃 테마 아래, 딸기로 분홍색을 낸 쿠모노무스, 딸기와 벚꽃 몽블랑이 올라간 파르페, 딸기 롤케이크 등을 선보이는 거예요. 벚꽃잎 모양의 초콜릿 데코도 살며시 올려주고요.

그런데 이 계절 메뉴, 어느 지점에서나 먹을 수 있는 게 아니에요. 쿠모노차 지점별로 각기 다른 계절 메뉴를 출시하거든요. 2023년 여름 신메뉴인 복숭아 파르페와 수국 소다는 기요미즈 산넨자카점과 아라시야마점에서만, 복숭아 수국 롤케이크 세트는 데라마치 교고쿠점과 북코지점에서만, 복숭아와 수국 쇼트케이크는 데라마치 교고쿠점에서만 판매하는 식이에요.

계절 메뉴만 그런 게 아니에요. 상시로 판매하는 메뉴도 매장마다 달라요. 시그니처인 쿠모노차와 구름 거품이 올라간 라떼 메뉴는 모든 지점에서 판매하지만, 그 외에는 각 지점에서만 맛볼 수 있는 메뉴가 따로 있어요. 쿠모노차 브랜드의 일관성을 기대할 수 있으면서도, 지점에 따라 각기 다른 방식의 힐링을 경험할 수 있는 셈이에요.

©시티호퍼스

예를 들어 볼게요. 기요미즈 산넨자카점의 한정 메뉴는 말차 파운드 케이크와 교토부 우지시의 유명 노포 '호리이 시치메이엔'의 말차를 사용한 '극상 말차', '극상 우지 말차 라떼'예요. 또한 아라시야마점에서는 '대나무'를 모티브로 한 '죽통 티라미수'를, 시조 가와라마치점에서는 애프터눈 티 세트를, 데라마치 교고쿠점에서는 까눌레와 치즈 케이크를, 북코지점에서는 롤 크루아상을 지점 한정 메뉴로 판매하죠. 이처럼 지점마다 다른 메뉴는 쿠모노차를 더 입체적으로 만들어줘요.

지역적 맥락과 이어진 기획은 설득력을 갖는다

그런데 왜 기요미즈 산넨자카에서는 말차를, 아라시야마점에서는 대나무를, 시조 가와라마치점에서는 느닷없이 애프터눈 티 세트를 소재로 한 것일까요? 여기에는 이유가 있어요. 각 매장의 한정 메뉴는 매장 컨셉의 연장선에 있고, 각 매장의 컨셉은 그 매장이 위치한 지역성을 반영하거든요. 그렇기 때문에 매장마다 메뉴뿐만 아니라 매장 컨셉과 디자인도 달라요. 물론 모든 매장은 구름이라는 공통적 요소를 기반으로 하고요.

하나씩 살펴볼게요. 쿠모노차 기요미즈 산넨자카점은

교토의 인기 관광지이자 세계 문화유산인 '기요미즈데라'로 이어지는 언덕길에 위치해 있어요. 매년 약 500만명의 국내외 관광객이 찾아올 정도로 유명한 곳이에요. 그래서 기요미즈 산넨자카점은 둥근 창문, 가레산스이 등 일본의 전통 양식을 심플한 디자인으로 재해석해 새로운 교토 스타일인 '교모던京Modern' 스타일을 구현했어요.

또 다른 사례인 아라시야마점은 대나무 숲으로 유명한 아라시야마에 위치해 있어요. 대나무를 소재로 메뉴와 음료 그리고 디저트의 프리젠테이션을 개발한 이유예요. 이곳은 메뉴는 물론이고 매장 전체를 아라시야마의 대나무 숲을 모티브로 디자인했어요. 특히 매장 2층은 교토산 대나무를 활용해 아라시야마의 대나무 숲길처럼 구현했어요. 대나무를 소재로 한 디저트 메뉴와 매장 컨셉이 어우러져 아라시야마에 여행 온 기분을 물씬 느낄 수 있죠.

한편 쿠모노차 북코지점은 지은 지 100년이 넘은 '마치야'를 리모델링한 점포예요. 마치야란 가게와 주택이 일체화된 목조 건물로, 보통의 경우 폭이 좁고 길이가 긴 형태의 일본 전통 가옥이에요. 북코지점은 이 마치야를 매장으로 활용해 '교토처럼 전통을 지키면서도 새로운 것에 대한 탐구심을 중시한다'는 컨셉을 잡았죠. 이 기획 의도처럼 매장은 고즈넉한 마치야의 매력을 살리되, 롤 모양의 크루아상을 개발해 창의적인 디저트를 선보였어요.

그 밖에 시조 가와라마치점과 데라마치 교고쿠점은 앞의 세 매장과 차이가 있는데요. 공식 명칭이 '쿠모노차 카페'예요. 굳이 '카페'라는 이름이 붙은 이유는 이 두 매장은 찻집에 무게중심을 둔 다른 매장들과 달리 사람들에게 익숙한 카페의 형태에 가깝기 때문이에요.

먼저 시조 가와라마치점은 교토의 역사적 건축물 중 하나인 '이케젠 빌딩'에 위치해 있어요. 이 빌딩은 서양식 건축이 드물었던 1930년에 준공된 건물로, 역사적이면서도 문화

©Cosmetics池善 / 출처: 위키미디어 커먼스

적인 가치가 있는 건물이에요. 준공 이후 타카시마야 백화점이 몇 번의 증축을 거듭해 옛 건물이 현대적 외관과 어우러지면서 독특한 모습을 띠고 있어요. 이런 역사적 의미를 살려 다이쇼 시대[9]의 분위기를 느낄 수 있는 레트로 풍으로 매장을 디자인했어요. 서양 문물이 들어오면서 문화적으로 융성했던 시기를 표현하는 메뉴로 애프터눈 티 세트를 선보인 거예요. 배경음악으로는 클래식한 공간감에 어울리는 재즈가 흘러나오고요.

마지막으로 데라마치 교고쿠점은 교토의 상업 지구에 있어요. 이 매장은 바쁘게 돌아가는 바깥세상과 단절된 '도시 녹지City greenery'를 컨셉으로 잡고, 느린 공간을 지향해요. 구름 모양의 창으로 햇빛을 내부에 들이고, 인테리어도 내추럴 톤의 흰색과 갈색을 활용해 환하면서도 여유로운 분위기

9 1912~1926년 사이에 일본에서 유행한 낭만주의 사조를 의미해요.

를 조성했어요. 매장 밖에는 그네를 달아두어 잠시 쉬어갈 수도 있고요. 이러한 매장 분위기에 어울리게 구름 라떼, 구름 모양의 치즈 케이크, 까눌레 등을 판매하죠.

쿠모노차의 매장들을 죽 둘러보면 같은 브랜드의 매장인가 싶을 정도로 다 달라요. 구름을 모티브로 했다는 정도가 공통점이죠. 그럼에도 설득력을 가지는 건 매장이 위치한 지역의 맥락에 기반해 매장 컨셉을 기획했기 때문이에요. 이렇게 하니 그 지역과 어울리는 명소로 거듭나 입소문을 타면서 비교적 빠르게 그 지역에 자리 잡을 수 있었죠.

스스로의 과거를 깨고 나온 진화에는 힘이 있다

그런데 아무리 인기가 높은 카페라지만, 쿠모노차의 성장 속도를 보면 의문이 생겨요. 5개 매장 모두 2022년 한 해에 열었거든요. 그것도 각기 다른 컨셉과 다른 메뉴로요. 아무리 고객 반응이 좋아도 이정도로 빠르게 매장을 내는 건 무리가 있지 않을까요?

사실 쿠모노차는 맨바닥에서 시작한 브랜드가 아니에요. 한때 17개 매장, 그리고 이동식 매장인 '키친 카Kitchen Car'까지 포함하면 총 18개 매장을 운영하던 티 브랜드가 쿠모노차의 전신이에요. 이름은 '마루마루 쿠모노차'. 가볍게 들러 차를 한 잔 마시거나 테이크아웃하는 티 스탠드^{Tea Stand} 형태의 매장으로 운영했죠.

마루마루 쿠모노차는 '일본의 차 문화에 새로운 스타일을 창조하는 교토의 찻집'을 표방했어요. '맛있다, 예쁘다, 재밌다.' 세 가지 요소를 바탕으로 정체성을 쌓아 나갔죠. 신선한 과일과 말차, 호지차 등 일본의 전통적인 차를 조합해 독창적인 음료를 개발했고요. 적당한 단맛에다가 찻잎과 과일의 맛을 끌어내 맛에 대한 호평이 이어졌어요. 그렇게 마루마루 쿠모노차는 창의적인 레시피로 교토 전역에 존재감을 확장해 나갔어요.

그런데 코로나19 팬데믹을 견디지 못하고 마루마루 쿠모노차는 하나둘 문 닫기 시작했어요. 2022년을 끝으로 원래의 모습을 찾아보기가 어려워졌죠. 이대로 망했나 싶었는데, 오히려 위기를 심기일전의 계기로 삼았어요. 매장 개수를 줄이는 동시에 리브랜딩을 한 거예요. 그러고는 쿠모노차로 화려하면서도 성공적으로 복귀했죠.

그대로인 것은 원래 이름에 포함되어 있던 '쿠모노차' 밖에 없어요. 로고도, 메뉴도, 매장도 싹 다 바꿔 완전히 새로운 브랜드로 재탄생했죠. 브랜드 컨셉을 더 구체화하고, 더 입체적으로 구현하자 인기가 치솟았어요. 그렇게 쿠모노차는 기존 마루마루 쿠모노차의 매장들을 하나씩 리모델링해 오픈했어요. 이 과정에서 폐업한 매장들이 생겨서 매장 수는 18개에서 5개로 줄어들었고요.

매장 수만 보면 사세가 꺾인 것처럼 보이지만, 고객 반응과 확산 속도 측면에서는 더 임팩트가 있어요. 미디어나 SNS에서 새로운 쿠모노차의 모습을 소개하고 퍼뜨리면서 쿠모노차의 인지도가 빠르게 올라가는 중이거든요. 단순히 수익이 나지 않는 매장을 접고 경영 효율화에만 초점을 맞췄다면 이루기 어려웠을 결과예요. 이처럼 뜬구름 잡는 이야기도 어떻게 하느냐에 따라 고객에게 가닿을 수 있다는 것을 쿠모노차가 증명하고 있어요.

아에루

콜라보 하나로 미디어 그룹을 만든
저널리스트 지망생의 전략

경영 철학 | 컨셉 기획 | 사업 전략 | 수익 모델 | 브랜딩 마케팅 | 고객 경험 | 디자인

©시티호퍼스

2019년, 세상을 돌아다닐 수 있는 '움직이는 건축물^{Moving} Architecture'이 등장했어요. 건축물이란 땅 위에 정착해 있어야 하는 법인데 움직일 수 있다니, 대체 어떤 건축물일까요? 게다가 일본의 대표 건축가 중 한 명인 구마 겐고의 작품이라고 하니 그냥 지나칠 수 없죠. 그의 모든 건축에는 다 이유가 있었으니까요. 그런데 그가 디자인한 움직이는 건축물은 신발이었어요. 호텔, 도서관, 경기장 등 대형 건축물에 비해 스케일이 턱없이 작아진 신발을 디자인한 거죠. 패션업 종사자도, 신발 디자이너도 아닌 건축가가 만든 신발은 어떤 모습일까요? 아니 그 전에, 구마 겐고는 어쩌다 신발을 설계하게 되었을까요?

이번 작품은 스포츠 브랜드 아식스^{Asics}의 의뢰로 시작됐어요. 컬래버레이션이었죠. 신발 '메타라이드 아무^{METARIDE} ^{AMU}' 디자인이 공개되던 날, 사람들의 물음표는 곧장 느낌표로 바뀌었어요. 스케일은 줄어들었을지언정 작은 신발 안에 구마 겐고의 철학과 색깔이 고스란히 담겨있었거든요. 물론

아식스의 정체성도 그대로 남아있었고요.

　메타라이드 아무의 디자인 모티브는 일본의 전통 죽세공 기법 '야타라아미'예요. 대나무를 쪼개서 잘라낸 뒤 엮어내는 기법이죠. 구마 겐고는 예전부터 면이 아닌 선을 사용해서 공간을 만든 다음, 그 안에 빛이나 바람을 끌어들이고 싶어 했어요. 야타라아미는 그것을 실현하는 알맞은 수단이었고요. 마찬가지로 신발을 디자인할 때도 선을 활용해서 내추럴한 느낌을 만들고 싶었어요. 그래서 아식스의 스트라이프 마크를 발전시킨 패턴을 만들었죠.

　이쯤 되면 생기는 의문이 있어요. 아식스는 왜 건축가에게 신발 디자인을 의뢰했을까요? 마케팅 목적의 컬래버레이션이라면 운동선수나 패셔니스타 등 선택지가 다양했을 텐데 말이에요. 구마 겐고는 지금까지 신발을 디자인한 경험도 없고요. 게다가 건축과 신발은 딱히 접점이 없어 보여요. 이때 구마 겐고는 의외의 이야기를 들려줘요. 운동화와 건축에는 공통분모가 있다고요. 건축이 대지와의 연계성이 중요한 것처럼, 인간도 대지와 잘 연결되어야 편안함을 느끼는데 신발이 그 역할을 한다는 거예요. 그래서 그는 원래부터 신발에 관심이 많았죠.

막상 컬래버레이션을 시작하니 건축과 신발은 3가지 측면에서 접점이 더 또렷했어요. 먼저 접근 방식. 건물을 설계하려면 인간의 신체구조나 움직이는 방식을 고려해야 하는데, 이런 인체공학적 접근은 신발 디자인에도 동일하게 적용돼요. 다음은 설계 사상. 구마 겐고는 평소에 건축이 사람의 의복이나 신발에 더 가까워져야 한다고 생각했어요. 지금까지의 건축은 너무 크고 딱딱해서 인간적인 것과 거리가 있었으니까요. 그런 의미에서 사람의 발을 감싸는 신발은 건축의 미래상에 가까웠어요. 마지막으로 소재. 사회가 건축에 새로운 역할을 요구하기 시작하면서 자연 소재가 중요해졌는데, 그가 사용하고 싶었던 나무 섬유질인 '셀룰로스 나노 섬유'를 아식스는 이미 사용하고 있었죠. 이렇게 보니 신발 디자이너와 건축 디자이너가 '같은 일을 하고 있구나'라고 생각했다는 구마 겐고의 말이 이해가 가요.

결국 서로 다른 세계처럼 보였던 아식스와 구마 겐고의 컬래버레이션은 이유 있는 만남이있어요. 접근 방식, 설계 사상, 소재까지 비슷한 철학을 공유하고 있었으니까요. 그래서 이 컬래버레이션은 단순히 기업과 건축가의 만남이기보다는 철학과 철학의 만남이라고 볼 수도 있어요. 이처럼 중심 축만 튼튼하다면 얼마든지 영역을 확장할 수 있는 게 컬래버레이션이 가진 힘이에요. 교토에는 이 곱셈의 힘을 극대화한 기업이 있어요. '버무리다'라는 뜻의 아에루[Aeru]예요. 옛 선인의 지혜와 현 시대의 감각을 버무려 미래 세대에게 진짜 일본을 전해주겠다는 회사예요. 그렇다면 아에루는 어쩌다 이런 아이디어를 떠올리게 되었을까요? 그리고 어떻게 그 많은 컬래버레이션을 진행할 수 있었을까요?

전통을 깨우러 전국을 다니는 컬래버레이션의 탄생

아에루의 창업자이자 대표인 리카 야지마는 어렸을 때부터 일본 전통과 문화를 동경하며 자랐어요. 일본 장인이 만든 물건이나, 그걸 경험할 수 있는 공간을 좋아했죠. 그런데 매

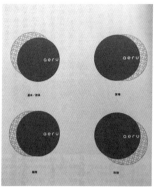

번 전통문화와 기술에 감탄하면서도, 왜 더 빨리 접할 기회가 없었는지 의문이 들었어요. 그래서 전통 산업의 결과물을 사람들이 알 수 있는 환경을 만들어야겠다고 다짐했어요. 그러고는 대학생 때 아에루를 창업해서 도장깨기하듯 잠들어가는 일본의 전통을 깨우기 시작했죠. 이때 단순히 전통을 알리는 게 아니라, 과거의 지혜를 현재의 감성과 버무려서 다음 세대에게 전달하는 방식으로 접근했어요.

그녀는 이러한 아에루의 철학과 접근 방식을 로고에도 담았어요. 아에루 로고는 모양이 지역별로 바뀌는데요. 제품을 만드는 장인이 어느 지역에 있느냐에 따라 칠보 무늬원의 위치가 달라져요. 아에루가 일본의 혼모노本物, 진짜 물건를 찾아 전국 각지를 돌아다니는 모습을 나타내는 거예요. 또 다른 의미도 있어요. 이 모션 로고는 아이들이 이리저리 돌아다니며 노는 모습을 상징해요. 갑자기 웬 아이냐고요? 리카 대표는 아에루를 창업하면서 아기가 태어나는 순간부터 사용할 수 있는 '0세부터의 전통 브랜드'를 지향했거든요.

전통을 지키고 전해야 한다는 것엔 누구나 공감해요. 하지만 말처럼 쉽지만은 않아요. 그래서 리카 대표는 이 문제를 독특하게 풀어나가요. 기업명처럼 진짜 '버무리기'를 시작했죠. 전통을 중심축으로 여러 가지 키워드와의 컬래버레이션을 하면서 사업을 키워나가는 거예요. 어떤 키워드와 만나느냐에 따라 아에루의 업종은 계속해서 달라져요. 소매업, 호텔업, 교육업, 컨설팅업 등 종류를 가리지 않고 업의 경계를 넘나들어요. 그렇다면 아에루는 어떻게 일본 전역에서 잠들어가는 전통을 깨우고 돌아다니는 걸까요?

일본의 문화를 담아 일생의 물건을 파는 가게

아에루의 첫 프로젝트는 '0세부터의 전통 브랜드'였어요. 일본에서 태어나고 자랐는데도 자국 전통에 대해 모르는 사람들이 늘어나는 건 관심이 없어서가 아니라 애초에 모르기 때문이라고 생각했어요. 그래서 태어날 때부터 일본 전통을

만날 수 있는 환경을 만들어야겠다고 목표했죠. 그렇게 처음 만든 제품이 출산 축하 세트였어요. 도쿠시마현의 쪽염색 장인이 만든 아기 배내옷, 양말, 페이스타월을 오동나무 상자에 담은 거예요. 에도 시대부터 이어져 내려온 전통 기법으로 30회 정도 염색을 반복하는데, 이렇게 하면 재팬 블루 Japan Blue라고 불리는 짙은 파란색이 만들어져요. 식물성 염료라 아기에게 입히기에도 걱정이 없고요.

또한 그릇과 컵도 출시했는데요. 제품의 컨셉이 명확해요. '흘리기 어려운' 시리즈예요. 아기는 힘 조절을 잘하지 못하기 때문에 혼자서 숟가락으로 밥을 먹기가 어려워요. 리카

©아에루

대표는 이 문제를 해결해 식사 시간을 즐겁게 만들어주고 싶
었어요. 그래서 그릇 안쪽에 살짝 돌출된 테두리를 넣었죠.
이렇게 하니 숟가락이 걸려 음식을 더 쉽게 뜰 수 있어요. 음
식이 그릇 밖으로 넘어가지도 않고요. '흘리기 어려운 그릇'
을 사용하면 아기가 숟가락질을 안정적으로 할 수 있어 가족
의 식사 시간이 한결 편해지죠.

　'흘리지 않는 컵' 시리즈도 있어요. 아이는 물을 마시다가
컵을 엎어버리는 경우가 많아요. 아에루는 이 문제를 해결하
기 위한 컵을 만들었어요. 그런데 이 컵에는 손잡이가 없어
요. 이상하죠. 컵을 떨어뜨리지 않도록 양쪽에 손잡이를 붙

여도 모자랄 판에, 반대로 손잡이가 없다니요. 대신 컵에 단차를 두었어요. 양손으로 컵을 쥐었을 때 손가락이 단차에 걸려서 컵을 놓치지 않도록이요. 여기에는 한 가지 의도가 더 있어요. 이 컵을 양손으로 정성스럽게 쥘 때마다 물건을 소중히 하는 태도를 배울 수 있게 한 거예요. 게다가 컵 사이즈도 세심하게 조정해, 음료를 마실 때 컵이 아이의 눈을 가리지 않아요. 시야가 가려지는 순간 불안해지는 아이의 특성을 고려해 스스로 안심하고 마실 수 있게 디자인했죠.

그런데 흘리기 어려운 그릇과 컵을 보다 보면 의아한 점이 생겨요. 대체로 유아용 물건은 떨어뜨려도 깨지지 않게 실리콘이나 플라스틱 같은 소재로 만들거든요. 아에루 제품은 그 반대죠. 물론 쉽게 놓치지 않게 디자인했지만 유리, 흙 등의 재료로 제작해 떨어뜨렸을 때 깨질 확률이 높아요. 그렇다면 왜 아이에게 깨질 수 있는 것을 사용하게 할까요?

"만약 그릇을 잘 다루지 못해서 깨져버렸다고 해도, 거기서 '이렇게 하면 깨져버리는구나', '물건을 소중히 하지 않으면 안되는구나' 라는 마음이 생기는 것은 길게 보면 그릇이 깨지는 것보다 더 중요한 경험입니다."

- 아에루 홈페이지 중

관점의 전환이에요. 아이가 물건을 깨뜨리면 그 자리에서 혼내거나 그릇을 버리지 말고, 깨진 이유를 생각하게 하고 고쳐 사용함으로써 물건 다루는 방식을 알려주자는 의도를 가지고 있죠. 그래서 아에루는 깨진 제품들을 수선해주는 서비스, 아에루 오나오시Aeru Onaoshi를 오픈했어요. 15세기부터 이어져 오는 도자기 수리 방식인 '킨츠기'와 옻칠을 다시 하는 일본의 수선 문화를 서비스로 만들었어요. 전통 장인이 만든 진짜 물건을 평생 사용해달라고 말로만 외치는 것이 아니라 실제로 그렇게 할 수 있도록 서비스를 제공하는 거예요. 이렇게 아에루는 단순히 제품만 판매하는 게 아니라 물건을 통해 전통적, 교육적, 정신적 가치까지도 함께 전달해요.

이렇게 아이가 태어나는 순간부터 전통문화를 자연스럽게 받아들이게 하는 아에루의 제품에는 한 가지 반전이 있어요. 바로 제품의 사용 연령 제한이 따로 없다는 거예요. 갓난 아이부터 할머니, 할아버지까지 모두가 사용할 수 있는 브랜드를 목표로 하니까요. 디자인할 때 가장 유념하는 부분도 '이 상품을 어른이 되어서도 사용할 수 있는가?'이고요.

공식 홈페이지에는 현재 판매 중인 상품을 온 가족이 사용할 수 있는 방법이 상세하게 적혀 있어요. 예를 들어 흘리기 어려운 그릇의 경우에 어른들은 술안주용 그릇이나 작은 화분으로 사용하고, 흘리기 어려운 컵의 경우에 어른들은 사케나 차 마시는 용도로 쓸 수 있는 식이에요. 아이가 어릴 때부터 사용한 그릇이나 컵이 어른이 될 때까지 인생을 함께하는 '일생의 물건'이 되길 바라는 거예요.

전통을 알리려는 회사가 '사장님 대출'을 하는 이유

0세부터의 전통 브랜드로 시작한 아에루의 사업은 전국 장인과 협업을 하면서 성장했어요. 그런데 창업 4년 차인 2014년, 리카 대표는 돌연 아에루 리브랜딩^{Aeru Re-branding} 사업을

시작했어요. 지역 중소기업을 대상으로 리브랜딩을 도와주는 일종의 컨설팅 사업이죠. 제품 라인업을 늘려서 회사를 더 키울 수도 있을 텐데, 역량을 다른 기업에 쏟아 붓겠다니 어떤 사연이 있는 걸까요?

아에루는 창업 후 전국 각지의 장인을 만나면서 후계자를 찾지 못해 문을 닫아야 하는 상황을 숱하게 목격했어요. 지역에 기반을 둔 매력적인 전통 산업이 사라지면 일자리가 줄어들고, 사람이 떠나고, 결국 지역이 쇠퇴하죠. 당연히 전통문화도 소멸되고요. 아에루는 이런 상황을 막기 위해 지역의 전통 있는 회사나 브랜드가 가진 진정한 매력을 세상에 잘 전달할 수 있도록 돕는 역할을 자처한 거예요. 그래서 사업을 하면서 몸소 터득한 무형의 지식과 경험을 아에루 리브랜딩을 통해 판매하기 시작했죠.

예를 들어 볼게요. 할아버지가 1905년에 설립한 안경점 '마코토 안경'을 물려받았지만 경영에 어려움을 겪고 있는 손자에게는 숨어있는 철학을 찾아줬어요. 기술과 장점을 재확인하고, 언어화한 뒤, 컨셉을 강화시켰죠. 그뿐 아니에요. 소비자를 직접 만날 기회가 드문 대표를 위해 아에루의 매장에서 전시 및 판매를 하고 토크 이벤트도 개최했어요. 과거부터 이어져 온 철학이나 본질, 기술을 지금의 감각으로 재해석하고 정돈하는 일은 아에루가 늘 해오던 일이에요. 달라진 건 딱 하나. 그 역량을 다른 기업에 사용한 거예요.

아에루가 팔 수 있는 무형자산은 지식과 경험만이 아니에요. 오랫동안 일본의 전통을 재해석하며 자연스레 감성과 감각이 발달했는데요. 그래서 전통을 통해 감성과 감각을 키우는 법을 팔기 시작했어요. 아에루 스쿨^{Aeru School}이라는 사업으로요. 아에루 리브랜딩이 기업의 매력을 재발견하는 일이라면, 아에루 스쿨은 사람을 키우는 인재 육성 코스예요. 교육업이죠.

아에루 스쿨은 기업이나 교육기관, 개인 등을 대상으로 관찰하는 힘, 언어화하는 힘, 철학하는 힘을 기르는 강연과 워크숍을 열어요. 일본의 전통을 접하는 과정 속에서 미의식을 키울 수 있도록 하는 거예요. 크리에이티브한 인재, 우뇌형 인재로 성장시키기에 적합하죠. 리카 대표의 학창 시절에는 전통을 만날 수 있는 시간이나 계기 자체가 없었다고 하니, 구조적 아쉬움을 직접 해소한 셈이에요. 현시대가 필요로 하는 요소를 일본 전통에서 찾아 제시하는 시대 간 컬래버레이션이기도 하고요.

적극적으로 무형자산을 판매하던 아에루는 2020년부터 새로운 실험에 돌입해요. 그렇다면 경험, 지식, 감성, 감각을

©시티호퍼스

판매한 다음 수순은 무엇일까요? 바로 '사장님 대출'이에요. 그동안 아에루를 통해 쌓았던 모든 노하우를 다 가지고 있는 리카 대표를 직접 빌려주기로 한 거예요. 이 기획은 '자문의 대가를 꼭 돈으로 받아야 할까?'라는 질문에서 시작됐어요. 원래 상품과 서비스에 대한 비용은 정해져 있기 마련인데, 대가를 꼭 돈으로 받을 필요는 없으니 자유롭게 만나보자고 제안했죠.

　　매년 온라인으로 사연을 응모 받고 나면 아에루의 직원들이 직접 대상자를 선정해요. 그럼 리카 대표가 현장에 찾아가 컨설팅을 하고요. 예를 들어 전통 무용업계에서 일하는 사람의 의뢰를 받으면, 다음 세대에게 전통 무용을 계승하는 방법을 구체적으로 찾아줘요. 대가는 돈이 아니라 무용 체험으로 대신하고요. 이처럼 전통을 지키고 되살리는 방법과 수단에는 제한이 없어요.

아에루가 준비한 다음 계획은 더 기대돼요. 과학과 컬래버레이션하는 아에루 라보Aeru Labo를 준비 중이거든요. 장인의 전통 기술에 현대의 과학이 닿으면 또 어떤 새로움이 탄생할까요? 아에루가 사업을 하며 지속적으로 추구해왔던 '과거와 현재의 결합'이 여기서도 이어지는 거예요. 함께 연구할 기업을 모집 중인데요. 아에루가 곧 선보일, 과학의 옷을 입은 전통이 벌써부터 궁금해져요.

전국에 전통과 현대의 교차점을 심다

다음 세대에게 일본의 전통을 알리고 전하겠다는 일념 하나로 각종 사업을 펼쳐온 아에루. 처음엔 물건을, 다음엔 노하우를 판매하며 스케일을 키워왔어요. 아에루는 여기서 멈추지 않고 다음 단계로 나아가죠. 전통과 현대가 만난 라이프스타일을 팔기 시작한 거예요. 일본의 전통문화와 함께 보내는 일상은 어떨까요? 막연하게 고루할 거라 걱정할 필요는 없어요. 과거의 전통을 그대로 재현하는 것이 아니라 그 매

©아에루

력을 요즘의 감각으로 버무리는 것이 아에루의 일이니까요.

우선 라이프스타일의 거점으로 삼은 장소는 지역의 호텔과 료칸이에요. 원래 있는 호텔이나 료칸의 객실 하나를 아에루의 관점으로 재해석해 아에루 호텔^{Aeru Hotel}이라 이름 붙였죠. 이곳에서 숙박하는 고객은 굳이 멀리 나가지 않아도 객실에 들어서는 순간부터 지역의 역사와 문화를 만날 수 있어요. 벌써 교토, 나라, 나가사키 등 전국에 7곳의 객실이 만들어졌어요.

아에루 호텔은 단순히 방을 리모델링하는 것과는 달라요. 먼저 장소가 정해지면 그 지역의 역사, 문화, 전통 등을 깊이 있게 조사해요. 무엇을 보여줄지 스터디하고 난 후 디자인 컨셉을 확정하고요. 그러고는 지역의 장인과 함께 객실을 만들어요. 여기서 끝이 아니에요. 직접 선정한 지역의 매력을 제대로 전달하려면 이를 설명할 사람이 필요하죠. 그래서 직원 육성까지 도맡아요. 단순히 사업군을 확장시키려는 욕심이 아니라 전통문화의 발신지를 전국에 차곡차곡 심어두려는 진심이 느껴져요.

아에루 호텔은 아에루 룸Aeru Room이라는 공간 기획 사업의 일환이에요. 이 사업을 통해 호텔의 객실 말고도 오피스나 주택 등 일상의 공간도 바꿔나가죠. 매장, 학교, 호텔, 사무실, 거주 공간까지 삶의 공간 속에 차근차근 침투하고 있는 거예요. 자세히 살펴보면 아에루가 진행하는 공간 사업은 교육 사업인 아에루 스쿨과도 연관성이 있어요. 아에루가 설계한 공간에서 일본 전통을 만나다 보면 자연스레 전통을 배울 수 있고 감각이 꽃피거든요.

아이부터 어른까지, 학교부터 기업까지 골고루 만나왔으니 이쯤이면 아에루의 갈증도 해소됐을까요? 이번 행보를 보면 아직인 거 같아요. 아에루는 2021년에 숲 하나를 확보했거든요. 사토야마라는 지역의 숲을 재정비한 후 새로운 형태의 테마파크를 열기 위해 아에루 사토야마Aeru Satoyama를 만들었어요. 전통을 파고들던 아에루가 자연에 관심을 두게 된 데는 두 가지의 이유가 있어요.

첫째, 문화의 원점은 자연이라는 것을 깨달았기 때문이에요. 전통 상품의 원재료는 대부분의 경우 산을 비롯한 자연에서 공급되는데 어느 때부턴가 많은 원재료가 해외에서 조달된다는 걸 알게 됐어요. 옻칠만 해도 전체의 97%가 중국에서 수입되고 있었죠. 점점 옻이 사라지자 일본 내 옻의 공급량을 늘리기 위해 직접 황폐한 산림을 재정비하기 시작한 거예요.

그렇다고 전통 상품의 원재료 공급을 위해서 자연으로 시선을 돌린 것만은 아니에요. 둘째 이유는, 원론적일 수 있지만 자연이 그 자체로 문화여서예요. 일본의 기후와 풍토에서 자란 자연이야말로 일본 전통문화의 원천이죠. 문화와 생활 양식은 자연과 깊게 연관되어 있으니 자연을 보존하지 않으면 관련된 문화도 소멸돼요. 그래서 아에루 사토야마는 숲을 정비하는 동시에 자연 속에서 보내는 여가 생활을 제안해요. 숲속에서의 음악회, 산 속 채소 찾기, 숲속 탐험 등의 이벤트를 기획해서 일본의 사계절을 즐기는 마음을 심어줄 계획이죠.

스스로 미디어 그룹이 된 저널리스트 지망생

물건에서 노하우, 그리고 라이프스타일까지. 경계 없이 사업을 펼쳐나가는 아에루의 본업을 뭐라고 불러야 할까요? 지난 10여 년간 전개해 온 사업들이 다양하다 보니 소매업, 서비스업, 컨설팅업, 교육업, 숙박업 등 중에 무엇을 선택해야 할지 고민이 될 수 있죠. 누군가는 너무 많은 사업군을 다루는 건 아닌지 우려 섞인 시선을 보낼 수도 있고요. 자칫 기업의 정체성이나 본질이 흐려져선 안되니까요. 그렇다면 리카 대표는 아에루를 뭐라고 정의할까요? 그녀는 의외의 대답을 내놓아요. 놀랍게도 위에 나왔던 후보군 중에 답은 없었죠. 그녀는 아에루를 '전통문화의 매력을 알리는 미디어'라 불러요. 소매업이 아니라 저널리즘업으로 정의내린 거예요.

"아에루는 소매업이 아니라 저널리즘업입니다. (중략…) 아에루에 가면 전국의 장인이 만든 물건을 만날 수 있어요. 전통과 만나는 입구를 만들어 낸 셈이죠. 우리가 하고 있는 일은 바꾸어 말하면, 지역과 장인의 매력을 편집하고 발신하는 거예요. (중략…) 전통을 다음 세대로 이어주는 언론인 집단이니, 어느 사업과도 연결될 수 있죠."

- 〈Soléna〉 인터뷰 중

아에루 뒤에 새로운 키워드가 붙을 때마다 업종이 달라졌다고 생각했던 시선이 머쓱해지는 순간이에요. 결국 아에루는 끊임없이 새로운 영역과 컬래버레이션하면서 사업을 펼쳐 나가지만, 늘 같은 일을 하고 있었던 거예요. 바로 전통의 매력을 동시대의 감각으로 편집해서 다음 세대로 연결하는 일이요.

학창 시절 리카 대표의 꿈은 일본의 전통을 알리는 저널리스트가 되는 거였어요. 하지만 그 일을 할 수 있는 회사가 없었기 때문에 대학생 때 창업이라는 길을 선택했어요. 사업가가 되어 다양한 물건과 서비스를 만들고 파는 과정에서 한결같이 전통을 찾아내고, 편집하고, 알리는 일을 해왔으니 일의 본질은 저널리스트와 다르지 않아요. 결국 그녀는 어린 시절의 꿈을 이룬 거나 다름 없죠. 그녀가 아에루를 통해서 그토록 찾아내고 싶었던 것은 혼모노^{本物}예요. 공장에서 찍어내는 양산품이나, 잠깐 뜨고 지는 유행이 아니라 '진짜 물건' 그리고 '진짜 일본'이었죠. 그러니 혼모노를 만나보고 싶다면 아에루가 그린 궤적을 따라가 보는 건 어떨까요. 그곳에 진짜 일본이 있을 테니까요.

15

토토야

제로의 가능성을 무한대로 넓히는,
이 마트의 결정적 차이

경영
철학 컨셉
기획 사업
전략 수익
모델 브랜딩
마케팅 고객
경험 디자인

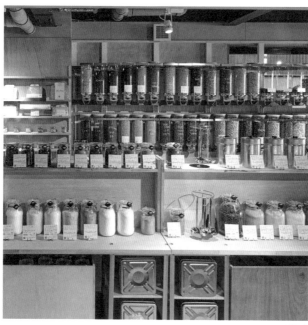

©토토야

'이제는 안녕, 뚜껑 고정 씰.'

2021년 6월, 일본 전역에서 화제가 된 트윗이 올라왔어요. 세계 최초로 인스턴트 컵라면을 만든 닛신⊕식품이 자사 컵 누들 공식 트위터 계정에 올린 작별 인사예요. 컵누들에서 오랫동안 사용했던 뚜껑 고정 씰을 없애기로 했거든요. 뚜껑 고정 씰은 컵라면에 뜨거운 물을 붓고 난 뒤, 뚜껑이 들뜨는 것을 방지하기 위해 붙이는 스티커인데요. 젓가락이나 평평한 물건을 올려놓는 대신 스티커를 사용할 수 있도록 컵라면 바닥에 붙어 있었죠.

1984년에 처음 등장한 이 고정 씰은 컵누들과 약 40년 간 여정을 함께 했어요. 일본 최대의 라면 회사가 준비한 배려심과 섬세함에 많은 사람들이 감동했죠. 작은 스티커 하나로도 고객을 환대하는 '오모테나시'의 마음을 느낄 수 있었거든요. 이러한 고정 씰을 없애기로 했으니, 그 결정의 배경이 궁금해질 수밖에요. 그렇다면 닛신은 왜 수십 년간 사용

 OSAKA
역발상을 꼬불꼬불 쌓아, 가장 간편한 한끼를 만든다
컵누들 뮤지엄

©닛신

했던 고정 씰과의 안녕을 고했을까요?

고객을 위한 배려였던 고정 씰은 플라스틱으로 만들어졌어요. 전 세계 80개국으로 수출된 컵누들의 판매량이 500억 개를 돌파할 정도였으니, 씰만 해도 환경에 큰 부담이 될 만큼 그 양이 어마어마했죠. 그런데 기후 변화와 환경 오염 문제가 점점 대두되면서 닛신도 기업으로서 사회적 책임을 다해야 했어요. 그래서 컵누들 탄생 50주년 프로젝트의 일환으로 고정 씰을 없애기로 한 거예요. 그렇게 줄어든 플라스틱 사용량은 연간 33톤에 달했어요.

이처럼 고객 친화적인 상품이나 서비스가 꼭 좋은 것만

은 아니에요. 지금 혜택을 누리는 대신, 언젠가 대가를 치러야 하죠. 그래서 닛신식품뿐만 아니라 많은 기업들이 자사의 제품과 서비스를 재점검하고 새로운 기회를 모색하는 중이에요. ESG 시대, 어제는 맞았던 것들이 오늘은 틀릴 수도 있거든요. 그렇다고 환경을 생각해 편리함을 포기하자니, 그것도 아쉬워요. 환경 보호와 고객 경험을 둘 다 충족시킬 수 있는 방법은 없을까요?

교토에 있는 일본 최초의 제로 웨이스트 슈퍼마켓 '토토야'에서 힌트를 찾을 수 있어요. 토토야는 제품 용기, 일회용 포장지까지 전부 없애버린 슈퍼마켓이에요. 식료품, 와인, 세제, 샴푸 등 700여 개의 품목을 포장지 없이 날것의 상태로 진열했죠. 이러한 제로 웨이스트 매장은 전 세계 곳곳에서 등장하고 있는데요. 토토야에는 그들과 결정적인 차이가 있어요. 고객이 쉽고 편리하게 쇼핑할 수 있도록 고객 경험의 디테일을 살렸으니까요.

#1. 불편 없음 - 기술로 쇼핑 프로세스를 리디자인한다

'B.Y.O.C.' Bring Your Own Container의 약어예요. 용기를 직접 들고오라는 뜻이죠. 친환경 스토어 중에는 B.Y.O.C. 정책을 사용하는 곳이 많아요. 환경 오염의 주범인 일회용

플라스틱 사용을 최소화하려는 목적이에요. 제품이나 식료품을 큰 용기 안에 넣어 벌크^{Bulk}로 팔고, 고객은 원하는 상품을 필요한 만큼만 구매해요. 저울로 계량한 후 가격을 산출해서 구매하는 시스템이죠. 그런데 취지가 아름다운 이 시스템에는 의외의 단점이 숨어있어요. 쇼핑 프로세스가 고객 친화적이지 않다는 거예요.

먼저 결제 시간이 오래 걸려요. 일반 매장에서는 미리 포장된 상품을 팔기 때문에 제품마다 바코드가 붙어있어요. 바코드 리더기로 스캔만 하면 계산이 바로 끝나요. 하지만 친환경 스토어는 사정이 달라요. 구매하려는 상품을 저울에 올린 후, 품목명을 찾아서 일일이 클릭해야 하죠. 개수가 많을수록 시간은 비례해서 늘어나요. 실수로 다른 상품을 선택하기라도 하면 금액에 오류도 발생하고요.

그뿐일까요. 여러 종류의 제품을 사려면 용기도 그 가짓수만큼 필요한데, 들고 가기도 불편하고 크기도 무게도 제각각인 용기의 무게를 매번 측정해야 해요. 구매할 물품을 담았을 때 전체 무게 중에서 용기의 무게는 빼고 계산해야 하기 때문이에요. 이런 사소한 불편함이 여러 번 반복되면, 아무리 의도가 좋아도 고객의 외면을 받게 되죠.

토토야는 이런 불편함을 전부 제로로 만들어요. 대형 마

트조차 시도하지 않은 첨단 기술을 마트 곳곳에 심어서 쇼
핑 프로세스를 새롭게 디자인했죠. 우선 토토야에서는 무게
를 잴 때 상품명을 검색할 필요가 없어요. 일본 최초로 셀프
계산대를 개발한 테라오카 정공의 기술 'e.sense'를 접목해
기계가 사람보다 빨리 상품을 인식하니까요. e.sense는 동
전 사이즈의 최신 모션 센서인데요. 이걸 벌크 용기에 붙이
면 센서가 모든 움직임을 실시간으로 감지하죠.

예를 들어 병아리콩을 산다고 할게요. 고객은 진열되어
있는 잡곡 용기 중에서 병아리콩을 찾아 레버를 당겨요. 그
럼 레버에 붙어있는 모션 센서가 즉각적으로 바로 옆 전자저

울에 정보를 전달하죠. '방금 전 고객이 병아리콩을 샀다'고요. 그리고 고객이 병아리콩의 무게를 재기 위해 저울 위에 용기를 올리면 스크린에 자동으로 상품명이 떠요. 저울 앞에서 상품명을 찾느라 헤매지 않아도 되죠.

그렇다면 사과나 당근 같은 청과류는 어떻게 인식할까요? 과일과 채소는 매대 위에 대량으로 올려놓고 팔아서 모션 센서를 붙일 곳이 없어요. 그렇다고 과일에 하나씩 모션 센서를 부착할 수도 없는 노릇이고요. 토토야는 이 문제를 해결하기 위해 테라오카 정공의 청과용 AI 저울을 도입했어요. 고객이 저울 위에 상품을 올려놓는 순간, 카메라가 과일의 형태를 인식한 후 스크린에 상품명을 띄우는 거예요.

토토야가 매장에서 파는 품목은 700여 가지. 만약 고객이 스크린 앞에 서서 상품명을 일일이 찾아야 한다면 의도치 않게 쇼핑 시간이 길어질 거예요. 피로감은 말할 것도 없고요. 사람들이 붐비는 때라면 저울 앞에서 트래픽이 발생하겠죠. 매장도, 고객도 원치 않는 일이에요. 그래서 토토야는 아무도 원치 않는 일의 가능성을 제로로 만들었어요.

이번엔 무게를 측정하는 법을 살펴볼게요. 고객이 가져온 용기에 물건을 담아 무게를 재는데, 이때 물건 무게만 정확히 알려면 용기 무게를 빼야 해요. 그런데 장을 볼 때마다

용기 무게를 계산해야 한다면 얼마나 번거로울까요. 그래서 토토야는 용기를 전자저울에 올리면 그 값을 RFID 라벨에 기록해 부착할 수 있도록 했어요. 그 후 식료품을 담아 무게를 달면 시스템에서 용기의 무게를 자동으로 차감해요.

아예 벌크 용기와 저울을 하나로 합쳐서 용기 계량 과정을 생략할 수도 있어요. 리퀴드 스케일Liquid Scale이라는 감산식 저울을 사용하면 간장이나 와인 같은 액체류를 살 때 구매하려는 양만 측정되거든요. 액체가 줄어든 만큼만 계산되기 때문에 용기의 무게는 신경 쓸 필요가 없죠. 이처럼 토토야는 친환경이라는 가치에 기술을 적용해 불편함을 줄이는 방법을 찾아냈어요. 제로 웨이스트라는 명분에 어울리는 실리까지 마련한 거예요.

#2. 허세 없음 - 작고 빠르게 실패한 후 문제를 개선한다
●••

토토야는 친환경 제품을 판매하는 동시에 새로운 쇼핑 프로세스를 선보이며 일본 최초이자 최고의 제로 웨이스트 슈퍼마켓으로 자리매김해요. 선한 의도를 살리는 실행 방식 덕분에 추진력이 생겼죠. 그런데 어떻게 대기업이 아닌 토토야가 이런 시도를 할 수 있었을까요? 토토야 대표 우메다 아츠코는 이렇게 말해요. 오히려 작은 규모이기 때문에 더 나은 방법을 탐색하고 시도할 수 있었다고요.

토토야의 시작은 지금보다 더 가벼웠어요. 2017년에 주식회사 토토야를 설립한 우메다 아츠코는 2년 뒤 '아오야마 파머스 마켓'에 참가해 포장 없는 날것의 식료품을 팔았어요. 야채, 과일, 올리브유, 콩 등의 식재료를 포장하지 않고 무게 단위로 판매하는 시스템을 시험해보고 싶었죠. 그리고 같은 해, 도쿄에 '누 바이 토토야nue by Totoya, 이하 nue'라는 모델 숍을 오픈했어요.

프랑스어로 벌거벗은이라는 뜻을 지닌 이 가게는 일요일에만 열었어요. 당시에 취급 품목이 30개가량이었으니 작은 규모였죠. 하지만 우메다는 이 모델 숍을 통해 일본에 가장 적합한 제로 웨이스트 마트는 어떤 모습인지 찾고자 했어요. 역설적이게도 규모가 작으니, 이곳에서는 새로운 시도와 실험을 할 수 있고 노하우와 지혜의 축적도 가능할 거라 생각했죠.

모델 숍을 운영하며 시행착오도 수차례 겪었어요. 계량법이나 계산 절차가 지금과는 많이 달랐거든요. 쇼핑 프로세스의 효율성보다는 상품 관리에 주력하던 시기였죠. 결제를 하려면 일단 계산대의 점원에게 골라 담은 물건을 전달해야 했어요. 그러면 점원이 저울로 무게를 잰 후 다시 고객이 가져온 용기에 담았죠. 그 후 태블릿 단말기로 상품명을 선택하고, 무게를 직접 입력했고요. 이 수작업을 상품 수만큼 반복했으니 시간이 많이 걸리는 건 당연했어요. 계산 실수는 말할 것도 없고요. 게다가 당시에는 고객이 용기를 가져오지 않으면 별다른 대안이 없어 손수건이나 주머니에 상품을 담아가는 웃지 못할 해프닝도 있었어요. 지금이야 보증금을 받고 용기를 빌려주거나 판매하지만요.

그러던 중 지금의 토토야를 탄생시킨 중대한 사건이 일어났어요. 세계 최초로 셀프 계산대를 만든 테라오카 정공 회장이 이 모델 숍에 직접 찾아온 거예요. 테라오카 정공은

1925년에 자동 스프링 저울을 만들어 창업한 기업인데요. 100년 역사를 자랑하는 베테랑 기업 회장이 무슨 연유로 직원이 10명도 되지 않는 모델 숍에 찾아온 걸까요?

테라오카 정공의 회장 테라오카 카즈하루는 2020년 2월, 직원을 통해 nue를 다룬 신문기사를 전달받았어요. 기사는 제로 웨이스트를 목표로 하는 nue의 철학과 방식을 다루고 있었죠. 무게 단위 판매의 가치를 설파하는 모습에 감명을 받아 직접 매장을 방문한 거예요. 그가 실제로 가보니 매장은 작고 저울도 평범했어요. 하지만 직원들의 열정만큼은 대단했어요. 저울 사업으로 시작한 테라오카 정공이야말로 이런 판매 방식이 일본 전역에 보급되길 원했지만, 실행은 nue가 한발 앞섰죠.

nue의 의도도 실행도 좋았으나 테라오카 회장의 눈에는 문제가 보였어요. 그는 상품을 고르고 결제가 끝날 때까지의 시간을 스마트폰으로 몰래 재봤는데요. 최종 결제까지 10분이나 걸렸어요. 테라오카는 아무리 바람직한 가치를 전파하더라도 고객을 기다리게 하면 안된다고 생각했어요. 그래서 며칠 뒤 가게 앞으로 메일 한 통을 보냈죠. 저울을 무상으로 대여해줄 테니 사용 후기를 알려달라고요. 그 후로 일 년 반 뒤인 2021년, 시행착오를 반영해 테라오카 정공의 최첨단 계량 시스템을 도입한 토토야 교토 본점을 오픈했어요.

만약 우메다 대표가 작은 가게에서의 실험 없이 곧바로 슈퍼마켓을 오픈했다면 어땠을까요? 30개 품목을 다루는 모델 숍에서 미리 시행착오를 겪지 않았다면, 700개 품목을 다루는 슈퍼마켓에서는 더 큰 혼란을 겪었겠죠. 무엇보다 지금의 토토야를 만들어준 최첨단 기술은 도입하기 어려웠을지도 몰라요. 모델 숍이 아니었다면 테라오카 정공 회장이 찾아올 일도 없었을 테니까요. 결국 리스크가 적을 때 도전하고 실수해서 성장하겠다는 대표의 철학이 오늘날의 토토야를 만든 셈이에요.

#3. 폐기 없음 - '삼모작'으로 버리는 음식을 제로화한다

앞서 설명했듯이 토토야는 쓰레기 배출을 제로로 만드는 슈퍼마켓을 지향하는데요. 그래서 제품을 패키지 없이 팔 뿐만 아니라 일회용품도 취급하지 않아요. 그런데 신선 식품을 파는 슈퍼마켓에서 쓰레기가 나오지 않는다는 게 가능할까요? 유통기한이 지나서 폐기되는 식품들이 있을 텐데 말이죠. 토토야는 이 문제를 해결하기 위해 매장에 '삼모작' 구조를 도입했어요.

삼모작 구조는 푸드 로스[Food Loss]를 제로화하는 기발한 방식이에요. 먼저 매장에서는 신선 식품을 판매해요. 그 후 식품의 유통기한이 가까워지면 매장 안에 있는 레스토랑에서 요리 재료로 사용해요. 마지막으로 그래도 남은 식재료는 끓여서 보존식으로 만들어서 판매해요. 이렇게 하면 음식을 냉장고 없이 상온에서 최대 2년간 보관할 수 있죠. 보관 방식까지 친환경적이에요. 이 세 단계를 거치고 나면 버려지는 식료품의 양은 사실상 0에 가까워져요. 그럼에도 남은 음식물은 퇴비로 만들고요.

매장 안에 있는 레스토랑 '파말Pas mal'이 삼모작의 핵심 축이에요. 저녁 6시가 되면 문을 여는데요. 당일 마트에서 유통기한이 임박한 식재료로 음식을 만들기 때문에 매일 메뉴가 달라지죠. 그런데 기발한 운영 방식과 달리 이 레스토랑은 기구한 운명에 처했어요. 론칭한지 이틀 째 되는 날, 교토에서 코로나19 바이러스의 확산을 막기 위한 대책으로 식당의 저녁 영업을 금지했거든요. 저녁 시간에 문을 여는데, 저녁 영업을 못하게 하다니. 사실상 문을 닫아야 할 판이었죠. 그렇다면 삼모작은 물 건너간 걸까요? 토토야는 늘 그랬듯이 해결책을 찾아냈어요. '토토야 카트'를 활용하면서요.

토토야에 카트는 디자인이 독특해요. 일반 카트처럼 바구니가 있는데, 바구니 앞쪽에 받침대로 쓸 수 있는 판이 카

트에 연결되어 있어요. 필요한 경우 받침대를 들어 올려 테이블처럼 만들 수 있죠. 받침대에는 미끄럼 방지 처리가 되어 있어 물건을 올려두었을 때 쓰러질 염려도 덜하고요. 이렇게 하니 가져온 용기에 식료품을 옮겨 담거나, 라벨 등을 붙이는 작업을 하거나, 어떤 제품들을 샀는지를 한 눈에 볼 수 있게 진열할 수 있어요. 친환경적인 소비를 할 때 발생하는 불편함을 줄이기 위해 테라오카 정공과 함께 카트까지 개발한 거예요.

이 토토야 카트가 저녁 영업을 금지한 기간 동안 제 몫 이상의 역할을 톡톡히 했어요. 레스토랑에 원형 상판을 비

치해 두고, 받침대 위에 원형 상판을 올리면 이동식 테이블로 변신할 수 있도록 했거든요. 고객들은 음식을 주문한 후 널찍한 공간이나 매장 밖으로 이동식 테이블을 끌고 나갈 수 있었고, 그곳에서 서서 식사를 하거나 와인을 즐길 수 있었죠. 식당에서 요리를 못하게 막은 게 아니라 먹지 못하게 한 거니, 이동식 테이블이 문제 해결의 대안이 될 수 있었어요.

마지막으로 토토야가 없앤 건 식료품 포장지만이 아니에요. 매장 자체가 '포장되지 않은 공간'이기를 원했죠. 슈퍼마켓을 짓고 허물 때마다 건축 자재가 산업 폐기물이 되는 것은 경제적으로도, 환경적으로도 큰 문제라고 생각했어요.

그래서 나중에 지점을 폐업하게 된다면 벽, 천장, 바닥 등을 분해해서 이동한 후 재조립할 수 있도록 설계했죠. 소재로는 오래된 목재인 고재를 사용했고요. 토토야가 지속 가능한 상업 건축물의 프로토타입이 되길 바랐던 거예요.

노하우를 독점하지 않고 공유하는 이유

그렇다면 토토야의 다음은 무엇일까요? 제로 웨이스트 슈퍼마켓으로서 안정적인 궤도에 올랐으니 프렌차이즈화하면 ESG 시대에 단번에 유통업계의 키 플레이어가 될 가능성이 커요. 하지만 그들이 진짜 원하는 건 규모가 큰 기업이 아니에요. 일본의 제로 웨이스트 레벨을 업그레이드 하는 거죠. 그래서 직접 터득한 노하우를 독점하지 않고 공유하기 시작해요. 비즈니스 업계에서 노하우는 비밀에 부치는 게 일반적이니 특이한 행보라 볼 수 있죠.

"토토야 매장이 근처에 없어도 쓰레기 없는 쇼핑을 할 수 있도록, 제로 웨이스트 라이프스타일이라는 선택지가 전국에 확산되는 것을 목표로 하고 있어요. 이를 위해 토토야는 가게를 열고 싶은 분에게 강좌를 열거나 대기업을 컨설팅하는 등 최대한 많은 분들과 힘을 합쳐 지속 가능한 미래를 만들기 위해 움직이고 싶어요."

- 〈마루이 그룹〉 인터뷰 중

토토야 홍보 담당자 노이 하우스의 설명이에요. 토토야는 아무리 훌륭한 철학과 기술이라도 혼자 독점한다면 전파되지 않을 거라 봤어요. 그래서 기술력이나 노하우를 꼭꼭 숨기기보다 활짝 열어 가능한 더 많은 플레이어를 초대하는 데 힘써요. 제로 웨이스트 매장을 열고 싶어 하는 기업이나 개인에게 컨설팅을 하거나 온라인으로 제로 웨이스트 매장을 운영하는 법에 관한 강좌를 여는 식으로요. 컨설팅, 도매 판매 등 토토야의 지원을 받은 가게를 '토토야 프렌즈'라고 하는데요. 2023년 4월 기준으로 토토야 프렌즈 점포는 90여 개에 달해요.

이처럼 스스로가 직접 길을 만들어온 토토야는 이제 진입장벽을 제로로 만들고 있어요. 누구나 제로 웨이스트의 세계에 시행착오를 줄이면서 쉽게 들어올 수 있도록요. 토토야가 추구하는 제로의 가능성이 무한대로 커질 수 있는 이유예요. 이런 러닝메이트가 있다면 제로 웨이스트라는 무브먼트도 함께, 멀리까지 갈 수 있지 않을까요. 토토야가 바라는 모습처럼요.

'시간의 섬' 교토에서는
자기다움의 향기가 피어납니다

교토를 여행하면서 이곳에 안 가볼 수 있을까요? 교토의 명소 '기요미즈데라'예요. 맑은 물의 사원이라는 뜻으로 유네스코가 지정한 세계문화유산이기도 하죠. 야트막한 산 위에 있는 기요미즈데라를 가려면 산넨자카와 니넨자카라고 불리는 언덕길을 지나야 하는데요. 이 두 길에는 양옆으로 오래된 건물에 작은 가게들이 나란히 이어져 있어요. 교토하면 떠오르는 전형적인 풍경이라 필수 코스 중 하나죠. 그런데 길을 걷다 보면 한 가지 의문이 들어요. 아무리 관광객이 많아도 그렇지 사원을 가는 길에 이렇게나 가게가 많은 이유가 뭘까요?

산넨자카와 니넨자카에 얽힌 이야기에서 힌트를 찾을 수 있어요. 이 두 길에는 괴담이 내려와요. 여기서 넘어지면 각각의 길 이름에 들어있는 3^{산}과 2^{니}의 햇수 동안 재수가 없다는 거예요. 그럼 넘어지면 영락없이 불운을 감당해야 할까요? 다행히 그렇진 않아요. 산넨자카 또는 니넨자카에는 디저트 가게, 기념품 가게, 식당 등 다양한 종류의 매장이 있는데요. 그중 한 곳에서 액땜용 호리병을 사면 넘어진 일을 없었던 걸로 되돌려 놓을 수 있어요.

과학적으로 검증되지 않은, 믿거나 말거나 한 이야기예요. 그러나 넘어졌을 경우, 그냥 무시하고 가던 길을 가기보다는 액땜용 호리병을 살 가능성이 높아요. 몇 년간 재수가 없을까 봐 조마조마하느니 크게 비싸지 않은 호리병으로 액땜을 하는 쪽이 마음이 더 편할 테니까요. 언덕길이 가파르지 않아 지금이야 넘어질 일이 별로 없지만, 옛날에 일본 사람들은 주로 나막신을 신고 다녀서 넘어지는 일이 종종 발생했죠. 이렇게 형성된 상권이 지금의 관광객을 만나 번성하면서 매장이 길 따라 늘어서게 된 거예요. 교토의 대표적인 풍경이 스토리로 '사야 할 이유'를 제공하면서 만들어진 거라 생각하니 감탄이 터져 나와요.

시티호퍼스도 기요미즈데라를 경험하기 위해서 언덕길을 올랐어요. 산넨자카와 니넨자카에 있는 매장들 중에서 콘텐츠로 쓸 수 있는 곳을 찾아보려고 여기저기 유심히 둘러보면서 걸었죠. 그런데 빈틈없이 줄지어 있던 건물들 사이로, 그 뒤편으로 갈 수 있는 좁은 길이 나 있는 게 눈에 띄었

一人の匠が織り成す

京のフィナンシェ

FINANCIER
KyoFRANCE

어요. 마치 비밀의 화원이 있을 것만 같아 호기심에 이끌려 사잇길을 따라 들어갔어요. 그리고 그곳에서 우연히, 교토를 비즈니스적 관점으로 이해하는 열쇠가 될 한 단어를 발견했어요.

'교프랑스'

프랑스 앞에 '교京'라는 글자가 붙어 있는데요. 이는 교토의, 교토식 등 교토화되었다는 뜻이에요. 예를 들어 교토식 전통요리는 '교료리京料理', 교토에 있는 일본식 전통 목조 가옥은 '교마치야京町家'라고 부르죠. 그런데 교프랑스는 장르나 카테고리를 넘어 국가까지도 교토화했어요. 보다 정확히는 프랑스 디저트인 피낭시에를 비롯해 프랑스 과자 문화에 교토 스타일을 더한 제품들을 선보이는 거예요. 이렇게 하니 가장 교토스러운 곳에서 프랑스 음식을 팔아도 위화감이 생기지 않아요.

그뿐 아니라 교토의 거리에서 발견한 글로벌 브랜드들도 마찬가지였어요. 스타벅스, 블루 보틀, 노스페이스, 라이카, 에이스 호텔 등 이름 앞에 '교'가 붙지는 않았어도, 마치 교토에서 시작한 브랜드처럼 자연스럽게 교토화되어 있었어

©시티호퍼스

요. 상징성을 갖는 매장들은 대부분 교토의 색과 분위기가 흘렀죠. 여기에 교토에서 찾은 비즈니스 인사이트의 핵심이 담겨 있어요. 외부의 것을 받아들일 때, 그것이 무엇이건 교토처럼 자기화하는 힘이 필요하다는 거예요. 그러기 위해선 '자기다움'을 스스로 정의하고 가꿔나가야 하고요.

교토에서 찾은 비즈니스 인사이트를 적용할 때도, 교토에서만 발견할 수 있는 표현인 '교'의 의미를 되새길 필요가 있어요. 누군가가 비즈니스로 구현한 고민의 결과를 그대로 베끼는 게 아니라 '고민의 과정'을 벤치마킹해야 하죠. 추진 배경, 기획 의도, 작동 원리, 운영 방식 등을 '자기화'해 비즈니스에, 성장에 그리고 미래에 응용할 수 있어야 하는 거예요. 쉽지 않은 일일 테지만 《퇴사준비생의 교토》가 자기다움을 찾아가는 모험에서 영감과 자극, 혹은 위로와 응원, 또는 꿈과 희망을 줄 수 있기를 바랄게요.

자기다움으로 세상에 흔적을 남기려는 모든 퇴사준비생의 미래를 진심으로 응원합니다.

마지막 페이지를 덮기 아쉽다면? ⟶

이 책의 마지막 페이지와 이어진
〈시티호퍼스〉를 펼쳐보세요

책에는 꼭 마지막 페이지가 있어야 할까요? 물론 하나의 주제를 매듭짓기 위해선 마지막 페이지가 필요해요. 하지만 《퇴사준비생의 교토》를 비롯한 '퇴사준비생의 여행' 시리즈는 하나의 도시에 대해 마침표를 찍기가 어려워요. 도시는 계속해서 진화하고, 크리에이티브에는 끝이 없어서죠.

시티호퍼스 www.cityhoppers.co

퇴사준비생의 여행 시리즈와 연계된 온라인 멤버십 서비스예요. 《퇴사준비생의 교토》에 담지 못한 교토 콘텐츠뿐만 아니라 도쿄, 런던, 뉴욕 등 다른 도시의 콘텐츠도 450개 이상 있죠. 퇴사준비생들을 위한 커뮤니티이자, 이 책의 마지막 페이지를 덮기 아쉬운 독자들을 위한 콘텐츠예요.

QR코드를 스캔하시면 마지막 페이지가 없는 책의 첫 페이지가 펼쳐져요. 여행을 떠나고 싶은 마음이 드는 건 덤이고요.

도쿄, 런던, 뉴욕, 방콕, 싱가포르 등
여행에서 찾은 비즈니스 인사이트를 이어보려면?

공기를 가두는 기분을 살려, 150년간 살아 숨 쉬는 차통 브랜드

카이카도

©Kaikado

교토의 아름다움을 대표하는, 이 '얼굴 그림'의 정체

요지야

©Yojiya

완성된 제품이 아니라, '완성하는 기쁨'을 파는 법

초야 우메 스페셜티 숍

©Choya

꿀을 인수분해하면, 숨어 있던 꿀의 쓰임이 보인다

미엘 미

©Miel.me

〈시티호퍼스〉 1개월 무료 쿠폰으로
더 많은 교토 콘텐츠를 보려면?

레퍼런스

01 리슨

- 茶道・華道・書道って何？日本の伝統芸能について知ろう, WeXpats Guide
- 일본의 다도, Japan National Tourism Organization
- Kodo – The Way Of Incense, Traditional Kyoto
- いつか役に立つかもしれないムダ知識, Hatena Blog, プロフィール
- 일본여행 토막상식 「화도/이케바나(꽃꽂이) (華道・生け花)」, MATCHA
- 香りを聞く!？ 聞香 (もんこう) を、いざ初体験！, LEON, T.Kawata
- "귀신도 감격한다"…448년 된 가게서 만난 '향 전도사'[백년가게], 중앙일보
- 《새로운 일본의 이해》, 공의식 외 지음, 다락원
- 《코끝의 언어》, 주드 스튜어트 지음, 박광일 옮김, 윌북

02 컨비니언스 바

- 오사케노 비주쓰칸 공식 홈페이지
- 鷲尾 龍一, ファミマが目指す「店舗のメディア化」, Nikkei Business
- コンビニでつまみを買って隣で一杯!？「コンビニ併設バー」が東京に登
- 場…初日は盛況!コラボの狙いを聞いた, FNN お酒の美術館, フランチャイズ比較.net
- 日本初のコンビニバー®！"お酒の美術館", フランチャイズ加盟募集.net
- 노부찬맨 공식 홈페이지

03 홀 러브 교토

- 홀 러브 교토 공식 웹사이트
- 교토5 공식 웹사이트

04 신풍관

- 신풍관 공식 웹사이트
- 업링크 교토 공식 웹사이트
- 동서양의 만남 'EAST MEETS WEST', 에이스 호텔 교토, 디자인프레스
  Ace Hotel Kyoto, Commune Design
- 《자연스러운 건축》, 구마 겐고 지음, 임태희 옮김, 안그라픽스

05 류노히게 바이 미타테

- 《축소지향의 일본인》, 이어령 지음, 문학사상
- Ryu no hige 공식 웹사이트
- 현재의 코로나로 인해 재조명되고 있는 '하나초즈', 사찰에서 즐기는 힐링 타임!, LIVE JAPAN
- 눈으로 보고 입으로 느끼는 가을 정취, 이코노미 조선, 송창섭
- 嵐山 MITATE, Ameblo
- 嵐山 MITATE, SCELTE

06 쿠라다이 미소

- 쿠라다이 미소 웹사이트
- 자포닉스 웹사이트
- Kuradai Miso, Sharing Kyoto
- 第4回 全国各地の味噌で日本を旅してみよう!「蔵代味噌」さんの「万能みそだれ ごぼうさん」, Digistyle Kyoto Magazine
- 発酵食品がブーム。コロナ禍を経て再注目されているワケ, COOKPAD
- みその話│食べものの話をしよう, 無印良品
- 若者のみそ汁離れ「1、2カ月飲んでいない」…大阪はみそ購入量最低、食の多様化や個食が背景, 産経ニュース

07 굿 네이처 스테이션

· 굿 네이처 스테이션 공식 웹사이트

· 굿 네이처 호텔 공식 웹사이트

· 게이한 그룹 공식 웹사이트

08 오가와 커피

· 오가와 공식 웹사이트

· 오가와 커피 USA 공식 웹사이트

· ネルドリップコーヒーのまろやかさに驚き！築100年超の京町家を改装
した「小川珈琲 堺町錦店」潜入レポ, ウォーカープラス

· OGAWA COFFEE LABORATORY presents「DRIP OF HOPE　コーヒ
ーと考える未来 Vol.4」を配信, @Press

· Ogawa Coffee Laboratory Shimokitazawa, Time Out

· 일본 커피는 어떻게 세계 최고 수준이 되었나, 이길상, 오마이뉴스

09 카메야 요시나가

· 카메야 요시나가 공식 웹사이트

· 京菓子司 亀屋良長　8代目当主・吉村良和さん, Kimonoto

· 老舗和菓子屋の女将が考案した「スライスようかん」が予想外に大ヒッ
ト！1年目で売上90倍、2年目は500倍以上に, PRマガジン
SOU・SOU在釜　月替りの和菓子

· 《SOU・SOU 京菓子あそび 和菓子になったテキスタイルデザイン》, 世
界文化社

· 和菓子屋「亀屋良長」の倒産危機を救った取締役女性のアイデア, 光
文社

10 코에 도넛

· 코에 공식 웹사이트

· Hotel Koe Tokyo, Suppose Design Office

· 秋の味覚を詰め込んだ『autumn donuts collection』より第3弾・人気の"おはぎドーナツ"から秋の限定ボックスが新登場！, PR Times

· もちもち食感のドーナツがお団子に！十五夜を彩る『dangoドーナツ』が登場, PR Times

· Koe donuts, KKAA

· 나가바 유 공식 웹사이트

11 하치다이메 기헤이

· 하치다이메 기헤이 공식 웹사이트

· 오코메야 공식 웹사이트

· 「京の米老舗　八代目儀兵衛」はお米で家族の絆を繋げるコミュニケーションギフト「しおくり米」を発売　京都芸術大学と産学連携し、普段言葉で伝えづらい小言や想いをお米にのせて届ける「家族孝行ギフト」を開発, PR Times

12 우사기노네도코

· 우사기노네도코 공식 웹사이트

· BECKI MURRAY AND BRIDGET MARCH, A beginner's guide to crystals, Harpers Bazaar

· 日本初！ワンダーなモノを集めた博物館誕生！【荒俣ワンダー秘宝館】（角川武蔵野ミュージアム内）〜メイキング映像 解禁！〜, 株式会社KADOKAWA, PR Times

· 半年かけて再現…美しすぎる「鉱物スイーツ」に込められた情熱, Lmaga

13 쿠모노차

· 구름 감상 협회 공식 웹사이트

· 《구름관찰자를 위한 가이드》, 개빈 프래터피니 지음, 김성훈 옮김, 김영사

· 쿠모노차 공식 웹사이트

· 마루 마루 쿠모노차 공식 웹사이트

14 아에루

· 아에루 공식 홈페이지

· <和える-aeru->, 矢島里佳, 早川書房
  建築家・隈研吾の"最小の建築"ができるまで。隈氏とアシックスが開
  発を通じて都市の未来を見つめた。, Asics

· Portraits Kengo Kuma, Fashion post

· INSPIRED BY JAPANESE BAMBOO WEAVING, KENGO KUMA'S
  SHOES FOR ASICS ARE LIKE 'MOVING ARCHITECTURE', SARANG
  SHETH, YANKO DESIGN

· Kengo Kuma designs his first ever trainer for ASICS, Jennifer
  Hahn, Dezeen

· 隈研吾が設計に関わった〈国立競技場〉がまもなく完成、というタイミ
  ングで〈アシックス〉とのコラボシューズが登場した！　建築とシューズ
  デザインに共通する哲学とは？, Naoko Aono, Casa Brutus

· 文化が経済を育て、経済が文化を育む。文化と経済が両輪で回ってい
  る社会を目指す「株式会社 和える」【これからの1000年を紡ぐ企業】,
  矢島里佳, SILK

· 株式会社和える-aeru-代表の矢島里佳さんが語る20年後の未来, 大
  崎 博之, Soléna

· 「なぜ今、SATOYAMAなのか？」〜世界からも注目を集めるSATOYAMA
  と、日本の伝統のつながりとは〜, 和える, Note

15 토토야

- 토토야 공식 웹사이트
- 테라오카 정공 공식 웹사이트
- ゼロウェイスト・スーパーマーケット「斗々屋」でゴミゼロの買い物体験！, MARUI GROUP
- NAKEDーwaste less marketー開催, The Cuisine Press
- 【京都】お忍びの「はかり屋のオヤジ」が一目ぼれした小さな店, 藤森かもめ, New Picks
- 会社員をしながら始めたスーパーで、みんなでゼロ・ウェイストを目指す。斗々屋ノイハウス萌菜さんのあゆみ, Bits Magazine

퇴사준비생의 교토

초판 1쇄 2024년 1월 15일 발행
초판 2쇄 2024년 1월 30일 발행

지은이 시티호퍼스 - 이동진, 최경희, 민세훈, 김민아, 김세리
펴낸이 이동진
편집 이동진
디자인 김소미

펴낸곳 트래블코드
주소 서울 종로구 종로3길 17, B206호
이메일 team@cityhoppers.co
출판등록 2017년 4월 11일 제300 2017 54호

ISBN 979 11 983922 1 3 03320
정가 18,800원